Eva Lutz und Stefan Süß (Hrsg.)
Wettbewerbsfähigkeit von Start-ups

I0042981

Wettbewerbsfähigkeit von Start-ups

Erfolgreiche Düsseldorfer Unternehmen

Herausgegeben von Eva Lutz und Stefan Süß

d|u|p
düsseldorf university press

Veröffentlicht im Rahmen der Manchot Graduiertenschule „Wettbewerbsfähigkeit junger Unternehmen", Heinrich-Heine-Universität Düsseldorf

ISBN 978-3-11-066382-2
e-ISBN (PDF) 978-3-11-066383-9

Library of Congress Control Number: 2020935763

Bibliografische Information der Deutschen Nationalbibliothek
Die Deutsche Nationalbibliothek verzeichnet diese Publikation in der Deutschen Nationalbibliografie; detaillierte bibliografische Daten sind im Internet über http://dnb.dnb.de abrufbar.

Umschlaggestaltung: Andresr / E+ / Getty Images
Satz: le-tex publishing services GmbH, Leipzig
Druck und Bindung: CPI books GmbH, Leck

dup.degruyter.com

Vorwort

Seit 2016 fördert die Jürgen Manchot Stiftung die Graduiertenschule „Wettbewerbsfähigkeit junger Unternehmen" an der Wirtschaftswissenschaftlichen Fakultät der Heinrich-Heine-Universität Düsseldorf. Die erste Kohorte bestehend
aus zehn Promotionsstipendiat/innen wurde bis April 2019 gefördert, anschließend startete die zweite Kohorte. Als Sprecher der Graduiertenschule freuen
wir uns sehr, mit dem vorliegenden Werk „Wettbewerbsfähigkeit von Start-ups.
Erfolgreiche Düsseldorfer Unternehmen" Ergebnisse der ersten Förderperiode
präsentieren zu können.

In der Graduiertenschule erforschen unsere Promotionsstipendiat/innen, wie
junge Unternehmen wettbewerbsfähig werden und in Konkurrenz zu etablierten
Unternehmen zu Marktführern aufsteigen können. Sie befassen sich hierbei mit
den besonderen Herausforderungen in den frühen Phasen der Unternehmensentwicklung, die mehrere Teildisziplinen der Betriebswirtschaftslehre betreffen. Die
geförderten Dissertationsprojekte der Promotionsstipendiat/innen der ersten Kohorte waren jeweils an Schnittstellen der folgenden drei betriebswirtschaftlichen
Bereiche verortet: (1) Personal und Organisation, (2) Finanzierung und Controlling sowie (3) Markt und Strategie.

In der Graduiertenschule ist uns die Nähe zur Praxis besonders wichtig. Mit
ihrer empirischen Erforschung zu Gründer/innen und Gründungen identifizieren
die Stipendiat/innen Erfolgsfaktoren für junge Unternehmen und entwickeln daraus evidenzbasierte Gestaltungsvorschläge. Zudem legen wir besonderen Wert
auf Verbindungen zur regionalen Gründungsszene. Die Stipendiat/innen der ersten Kohorte haben daher jeweils ein Düsseldorfer Start-up intensiv analysiert. Ba-
sierend auf Interviews mit den Gründer/innen stellen sie konkrete Entscheidungssituationen dar, welche die Wettbewerbsfähigkeit der Unternehmen beeinflusst
haben.

Es freut uns sehr, dass wir zehn Düsseldorfer Start-ups mit diesem Sammel-
band besonders würdigen. Wir möchten damit die Diskussion zu Erfolgsfaktoren
von Start-ups in Wissenschaft und Praxis erweitern. Außerdem möchten wir die
Entwicklung der einzelnen Unternehmen in den Mittelpunkt rücken und aufzei-
gen, wie vielfältig sich die Gründungszene in Düsseldorf insgesamt entwickelt
hat.

Wir danken allen Gründer/innen für ihre Unterstützung bei der Erstellung der
Fallstudien. Dies sind im Einzelnen (in alphabetischer Reihenfolge):
- Pascal Christiaens, Volunteer World GmbH
- Philipp Dommers, Welect GmbH
- Peter Hornig, dighub Düsseldorf/Rheinland

https://doi.org/10.1515/9783110663839-201

- Dr. Fabio Labriola, Fashionette GmbH
- Heribert-Josef Lakemeyer, Pinpools GmbH
- Matthias Rombey, Yomaro GmbH
- Dr. Christian Schwarz, Numaferm GmbH
- Marcus Stahl, Boxine GmbH
- Anna Ullrich-Cattien, The Bloke Custom Suits
- Dr. Frank Wüller, Compeon GmbH

Beim Aufbau junger Unternehmen ist Zeit ein äußerst kostbares und stets knappes Gut und wir schätzen es daher sehr, dass die Gründer/innen uns einen Teil ihrer Zeit geschenkt haben. Die Interviews haben die Stipendiat/innen inspiriert und waren die Basis dafür, dass sie die spannenden Fallstudien haben schreiben können. Für die weitere Unternehmensentwicklung wünschen wir allen Gründer/innen weiterhin viel Erfolg!

Besonders danken möchten wir der Jürgen Manchot Stiftung, ohne deren finanzielle Unterstützung die Promotionsprojekte und dieses Werk nicht möglich gewesen wären. Wir freuen uns darauf, auch mit der zweiten Kohorte bestehend aus zehn Stipendiat/innen die Gründungsszene in Düsseldorf zu begleiten und mit neuen Forschungserkenntnissen zur positiven Entwicklung der regionalen Gründungsförderung beizutragen.

Professorin Dr. Eva Lutz

Professor Dr. Stefan Süß

Herausgeber/innen und Sprecher/innen der Manchot Graduiertenschule „Wettbewerbsfähigkeit junger Unternehmen"

Inhalt

Toniebox im Kinderzimmer (Bildnachweis: tonies.de)

Die Erfinder der Toniebox: Markus Stahl und Patrick Faßbender
(Bildnachweis: tonies.de)

Paulina Heil

1 Boxine GmbH – Kein Erfolg ist kinderleicht

Das Unternehmen Boxine GmbH gründeten Patric Faßbender und Marcus Stahl im Dezember 2013 in Düsseldorf. Sie hatten ein innovatives Produkt an der Schnittstelle zwischen Kinderspielzeug und Audiogerät für Kinder kreiert, das sie „Toniebox" nannten (Abb. 1.1). Dabei handelt es sich um ein elektronisches Gerät in Form eines farbenfrohen, gepolsterten Würfels, das Musik, Hörbücher sowie andere Audiodateien abspielen und auf dem man spezielle Hörspielfiguren („Tonies") platzieren kann. Um eine Nutzung für Kinder ab einem Alter von drei Jahren zu ermöglichen, musste die Box einfach und sicher zu bedienen sein. Die Boxine GmbH hatte zum Zeitpunkt der Unternehmensgründung weder in Deutschland noch auf dem internationalen Markt direkte Wettbewerber.

Nachfolgend stellt die Fallstudie die Entwicklung der Boxine GmbH seit ihrer Gründung ausführlich dar in Verbindung zur Entwicklung der relevanten Teilmärkte (Musik, Hörbücher sowie Audioprodukte für Kinder). Schwerpunkt wird die Analyse der Herausforderungen sein, mit denen die Boxine GmbH von Anfang an konfrontiert war, sowie die Lösungsstrategien, die das Team dafür angewendet hat. Zuletzt erfolgt die Zusammenfassung der Analyseergebnisse und ein kurzer Ausblick.

Abb. 1.1: Tonieboxen mit Tonies (Bildnachweis: tonies.de)

https://doi.org/10.1515/9783110663839-001

Entwicklung der Teilmärkte für Musik, Hörbücher und Audioprodukte für Kinder

Die Boxine GmbH hat dank einer innovativen Gründungsidee eine Marktnische geschaffen, die es zuvor nicht gab. Die für das Unternehmen relevante Marktsegmente sind Musik, Hörbücher sowie Audioprodukte für Kinder (Abb. 1.2).

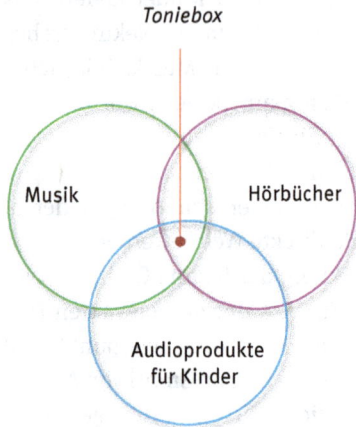

Abb. 1.2: Zuordnung der Produktion der Boxine GmbH zu den relevanten Marktsegmenten (eigene Darstellung)

Diese Marktsegmente entwickelten sich in Deutschland in den Jahren 2016 und 2017 besonders dynamisch (Abb. 1.3). Der Umsatz von physischen Tonträgern wie zum Beispiel CDs sank von 989 Millionen Euro im Jahr 2016 auf 848 Millionen Euro im Jahr 2017. Im Gegensatz dazu stieg der Umsatz von digitalem, also nicht physischem Musikverkauf wie zum Beispiel Audiostreaming oder Downloadservices in demselben Zeitraum von 604 Millionen Euro auf 741 Millionen Euro an. Die Entwicklung des Umsatzes von speziell für Kinder entwickelte Audioprodukte verlief ebenfalls positiv: Er wuchs von 138 Millionen Euro im Jahr 2016 auf 149 Millionen Euro im Jahr 2017.

Ein negativer Trend ist bei dem Umsatz von Hörbüchern in Deutschland zu beobachten: Er ging von 85 Millionen Euro im Jahr 2016 auf 80 Millionen Euro im Jahr 2017 zurück. Zum Vergleich: In den USA – dem weltweit größten Markt für die digitale Verlagsbranche – nahm der Umsatz von Hörbüchern in derselben Zeitspanne von 2,1 Milliarden US-Dollar auf 2,5 Milliarden US-Dollar zu.[1]

---

1 Vgl. Statista (2019), verfügbar unter https://www.statista.com/statistics/249854/audiobook-industry-size-in-the-us/.

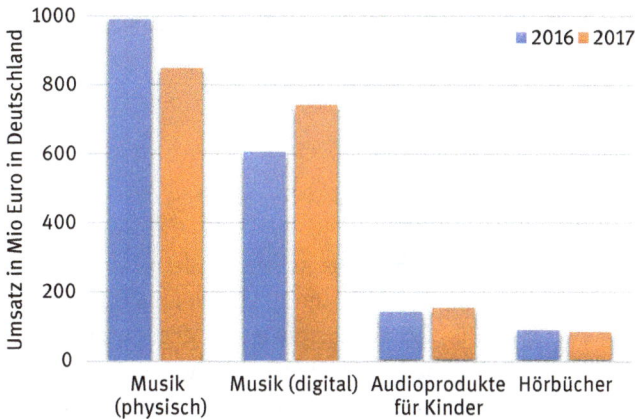

Abb. 1.3: Umsatzentwicklung in Millionen Euro in den Teilmärkten Musik, Audioprodukte für Kinder und Hörbücher in Deutschland von 2016 und 2017 (Quelle: Musikindustie in Zahlen (2017), verfügbar unter http://www.musikindustrie.de/fileadmin/bvmi/upload/02_Markt-Bestseller/MiZ-Grafiken/2017/BVMI_ePaper_2017.pdf)

Um die Marktsituation in Deutschland besser verstehen zu können, ist es wichtig, sich auch mit der Altersstruktur der Hörbuchkäufer auseinanderzusetzen. Die größte Käufergruppe stellten im Jahr 2016 mit ca. 40 Prozent die 40- bis 59-Jährigen dar. Die Daten lassen keine differenzierte Betrachtung zu, welche Hörbuchkategorie sie am häufigsten kauften. Da diese Altersgruppe von einer Familiensituation dominiert wird, darf man annehmen, dass ein Teil der von ihnen gekauften Hörbücher für Kinder bestimmt war. Bei den 10- bis 19-Jährigen ist der Anteil von den Hörbuchkäufern in den Jahren 2015 und 2016 von ca. 4 Prozent auf 9 Prozent gestiegen.[2] Dieser Zuwachs ist insbesondere vor dem Hintergrund der vergleichsweise geringen Kaufkraft dieser Altersklasse bedeutend.

Stahl vertritt die Meinung, dass die Boxine GmbH keinem großen Wettbewerbsdruck ausgesetzt ist (Stand: Juni 2018). Das erste und bislang einzige direkte Konkurrenzprodukt präsentierte das Hamburger Unternehmen Tiger Media Deutschland GmbH erst im Jahr 2017 auf der Frankfurter Buchmesse: Die tigerbox ist ein Multifunktionslautsprecher, der ausgesuchte Inhalte auf einer Hörspiel- und Musikplattform (tigertones) abspielt. Optisch ist die tigerbox der Toniebox ähnlich, aber alle tigerboxen bestehen aus Holz und haben eine gummierte, rutschfeste Oberfläche. Die tigerbox warb mit über 1.000 Hörspielen und Musiktiteln, die bereits im Startpaket enthalten waren, sie hat jedoch keine eigene Spiel-

---

2 Vgl. Analyse des Hörbuchmarkts (2017), verfügbar unter https://www.boersenblatt.net/artikel-analyse_des_gfk_consumer_panels.1298661.html.

figur, das heißt kein Äquivalent zum Tonie. Die Preise für verschiedene tigerbox-Editionen variieren zwischen 26,99 Euro und 34,99 Euro,[3] während eine Toniebox für 79,95 Euro deutlich teurer war.[4]

Von der Gründungsidee zum Unternehmen

Die Gründungsidee stammt von Faßbender: Als er seinen Kindern beim Spielen zusah, fragte er sich, wie es sein kann, dass es keine Möglichkeit gab, Audioprodukte für Kinder wie zum Beispiel Hörbücher, Hörspiele und Musik wiederzugeben. Digitale Medien wurden bis dato auf Geräten wie Smartphones, Tablets und Computern gespeichert und wiedergegeben. Diese Situation brachte insbesondere für Kleinkinder eine Reihe von Nachteilen mit sich, zum Beispiel Schwierigkeiten bei der Bedienung, ständige elterliche Kontrolle und Reizüberflutung wegen visueller Eindrücke aufgrund blinkender Bildschirme. Zudem sind physische Tonträger wie zum Beispiel CDs nicht für das Spielen von Kindern geeignet.

Faßbender setzte sich zusammen mit seinem Freund Stahl, der ebenfalls Vater ist, das Ziel, diese Situation zu ändern. Sie entwickelten einen Tonie, also eine Hörfigur, die man auf einen gepolsterten Würfel mit der notwendigen elektronischen Ausstattung, der Toniebox, stellen kann, um Hörspiele, Musik und andere Audiodateien abzuspielen. Sie sollte für Kinder ab einem Alter von drei Jahren einfach zu bedienen, dabei robust und sicher sein sowie den natürlichen Spieltrieb unterstützen. Der Tonie ist bei Hörspielen der Protagonist der jeweiligen Geschichte, die das Kind hört. Zusätzlich gibt es Tonies, die Liedersammlungen beinhalten, und Kreativ-Tonies, die von den Kunden/innen selbst bespielt werden können.

Um diese Idee umzusetzen, gründeten Faßbender und Stahl im Dezember 2013 das Unternehmen Boxine GmbH. Zuvor war Faßbender jahrelang als Kreativdirektor einer großen Agentur tätig gewesen, während Stahl in einer Automobilzulieferergesellschaft gearbeitet hatte. Vor der Gründung der Boxine GmbH hatte Stahl ein Geschäft im Sinne vom Buy-out übernommen. Eine Gründungserfahrung im engeren Sinne konnten beide nicht vorweisen. Ebenfalls hatte keiner von ihnen in der Vergangenheit bei einem Unternehmen gearbeitet, das Kinderprodukte vermarktete.

---

3 Vgl. Hörspielspaß im Kinderzimmer mit der tigerbox (2017), verfügbar unter https://tiger. media/wp-content/uploads/2017/10/PM_tigertones_tigerbox_n.pdf.
4 Vgl. Boxine GmbH (2018), verfügbar unter https://tonies.de/.

Obwohl die Gründer sowohl mit dem Start-up als auch mit der Branche ein für sie komplett neues Terrain betraten, erlebten sie die Gründung von Boxine GmbH nicht als einen „Sprung ins kalte Wasser". Stahl erklärt: „Wenn die Entscheidung getroffen ist, dann ist das alternativlos und man arbeitet täglich mit einer großen Leidenschaft und Energie daran. Ich hatte nie eine schönere Zeit." Neben der Leidenschaft für das eigene innovative Produkt habe laut Stahl die Unterstützung der Familie, die die beiden Gründer von Anfang an gehabt haben, eine wichtige Rolle gespielt.

Faßbender und Stahl sehen sich als „Düsseldorfer" und lieben die Stadt am Rhein. Sie leben hier seit vielen Jahren mit ihren Familien und verfügen über ein breites soziales Netzwerk vor Ort, das ihnen unter anderem für die Gründung ihres Unternehmens hilfreich war. Die Stadt bietet vielfältige Start-up-Events an. Hier stellen potenzielle Gründer ihre Ideen vor einer aus Investoren bestehenden Jury vor, tauschen Erfahrungen aus und knüpfen nützliche Kontakte. Allerdings sieht Stahl an dieser Stelle noch viel Verbesserungspotenzial: „Bei wirklich wichtigen Dingen, die so eine Gründung braucht, nämlich Geld und Räumlichkeiten, müsste Düsseldorf viel nachholen." Zusätzlich würden die potenziellen Gründer seiner Erfahrung nach von einer Beratung in Rechtsfragen profitieren, die die Stadt anbieten stellen könnte.

An anderen beliebten Start-up-Standorten in Deutschland wie zum Beispiel in Berlin habe, so Stahl, zum Gründungszeitpunkt eine ähnliche Situation geherrscht. Er erklärt das damit, dass in Deutschland eine risikovermeidende Mentalität besteht: Banken sowie die Städte seien hierzulande nicht bereit, in innovative und somit risikobehaftete Gründungen zu investieren. Bei weniger innovativen und deshalb sichereren Unternehmensgründungen, zum Beispiel die Eröffnung eines Eiscafés, sei die Investitionsbereitschaft seitens der Stadt und der Banken seiner Meinung nach erheblich höher. Auch die Gründer der Boxine GmbH hatten zu Beginn Schwierigkeiten damit, potenzielle Investoren von ihrer Idee zu überzeugen.

Vor dem Hintergrund der skizzierten Investitionssituation in Deutschland entschieden sich Faßbender und Stahl dafür, die Gründung der Boxine GmbH mit Eigenkapital zu finanzieren. Da die Toniebox ein komplexes Elektronikprodukt darstellt und somit einen anspruchsvolleren Herstellungsprozess als zum Beispiel eine App erfordert, waren die Kosten für die Produktentwicklung entsprechend hoch. Von der Unternehmensgründung im Jahr 2013 bis zum Produktlaunch im Jahr 2016 trugen die Gründer 100 Prozent der Kosten. Später schlossen sie einen Gesellschaftsvertrag ab und übergaben Anteile an die neuen Gesellschaftsmitglieder, die sie über ihr soziales Netzwerk akquirieren konnten. Zusätzlich bemühten sich beide um die Finanzierung durch diverse Banken in Düsseldorf.

Die Boxine GmbH entwickelte sich rasant von einem Start-up, dessen Team im Jahr 2013 lediglich aus den beiden Gründern bestand, zu einem erfolgreichen jungen Unternehmen, für das im Jahr 2018 am Standort Düsseldorf 80 Mitarbeiter/innen tätig sind. Die ersten fanden die Gründer im eigenen sozialen Netzwerk, das auch später die wichtigste Ressource für die Mitarbeiterrekrutierung blieb. Weiteres Personal fanden sie über Initiativbewerbungen, spezialisierte Headhunter für IT-Fachkräfte und Stellenanzeigen. Entgegen der verbreiteten Meinung, junge Unternehmen seien insbesondere für Hochschulabsolventen attraktiv, besteht das Team der Boxine GmbH aus Mitarbeitern/innen verschiedenen Alters zwischen 20 und 60 Jahren (Stand: Juni 2018). Stahl zufolge liegt dem Unternehmen „eine gute Mischung aus vielen erfahrenen Leuten und vielen jungen Leuten" zugrunde.

Der Umsatz entwickelte sich positiv. Nach dem Produktlaunch und dem ersten Weihnachtsgeschäft im Jahr 2016 umfasste der Umsatz über 2 Millionen Euro. Im ersten vollen Geschäftsjahr 2017 erzielte die Boxine GmbH rund 17 Millionen Euro Umsatz. Im Jahr 2018 lag der Umsatz bei 60 Millionen Euro (Abb. 1.4).

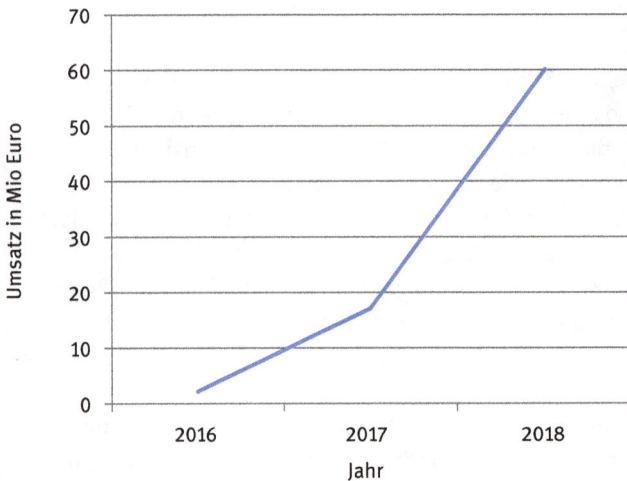

Abb. 1.4: Umsatzentwicklung der Boxine GmbH in Millionen Euro zwischen 2016 und 2018 (eigene Darstellung)

Die Expansion auf internationale Märkte ist ein wichtiges strategisches Ziel der Boxine GmbH. Stahl dazu: „Wir wollen wirklich, dass die Tonies in jedes Kinderzimmer weltweit kommen." Die Situation scheint dafür günstig zu sein, da der weltweit größte Hörbuchmarkt in den USA sich in den letzten Jahren positiv entwickelte und die Boxine GmbH national wie international kaum direkte Konkurrenten hat. Vor diesem Hintergrund wagte das Unternehmen im Jahr 2018 einen ersten Schritt über Deutschlands Grenzen hinaus und eröffnete eine Zweigniederlassung in London. In Zukunft sollen die Märkte in den USA, Asien und europäischen Ländern erschlossen werden.

Gute Idee, gutes Konzept

Das Konzept für die Toniebox stand bereits bei der Unternehmensgründung fest. Aufgrund der konkreten Gestaltung der Toniebox ergaben sich jedoch einige Fragen, für die es aufgrund der Innovation des Produkts noch keine fertigen Lösungen gab. Eine besonders wichtige Rolle spielte dabei die Oberflächengestaltung. Um das Produkt für Kinder ansprechend zu gestalten, sollte die Oberfläche der Toniebox weich gepolstert sein. Doch diese Idee brachte zahlreiche Anforderungen mit sich:

– Sicherheit: Sowohl die oberste Stoffschicht als auch der Polsterstoff sollten den strengsten Qualitätsrichtlinien entsprechen, um die Gesundheit der Kinder nicht zu gefährden.
– Stabilität: Der Stoff durfte trotz der hohen Belastung beim Spielen (häufiges Anfassen, Ziehen, Fallenlassen etc.) nicht leicht kaputtgehen.
– Optik und Haptik: Der Stoff sollte sich im Hinblick auf die Optik und Haptik ansprechend gestaltet sein, um ein spielerisches Erlebnis bei der Benutzung zu gewährleisten. Zum Beispiel sollte der Stoff in verschiedenen Farben in der gleichen Qualität zur Verfügung stehen.

Einen Stoff zu finden, der alle genannten Kriterien erfüllte, war nicht einfach. Eine Zeit lang diskutierte das Team darüber, stattdessen einen Kunststoff zu verwenden. Die beiden Gründer trafen jedoch die Entscheidung, weiter nach dem geeigneten Stoff und der Polsterung zu suchen, denn er unterstrich die Einzigartigkeit des Produkts. Die Experimente mit der Oberflächengestaltung von der Toniebox nahmen insgesamt ca. elf Monate in Anspruch. Schließlich wurde ein Polsterstoff gefunden, der allen Anforderungen entsprach.

Der Prototyp der Toniebox wurde im Januar 2016 auf einer Spielwarenmesse in Nürnberg präsentiert und beworben. Der Produktlaunch war für Juni 2016 geplant. Als das Team der Boxine GmbH im März 2016 feststellte, dass die technische Ausstattung der Toniebox nicht zuverlässig genug funktionierte, lagen bereits die ersten Kundenbestellungen vor. Nun gab es zwei Optionen:

1. die Aufträge erfüllen und dabei die technische Unfertigkeit in Kauf nehmen oder

2. die Aufträge vorübergehend auf Eis legen und erst die technische Ausstattung der Toniebox optimieren, sodass sie den höchsten Anforderungen entsprach.

Die erste Option hatte einen kurzfristigen finanziellen Vorteil, da die Kunden/innen die erworbenen Produkte bezahlen würden und so ein Umsatz erfolgte. Gleichzeitig brachte sie das Risiko mit sich, die Kunden/innen aufgrund einer unzureichenden Produktqualität zu enttäuschen und somit die Unternehmungsreputation dauerhaft zu schädigen.

Bei der zweiten Option verhielt es sich umgekehrt: Kurzfristig bestand die Gefahr, finanzielle Ressourcen zu verlieren, da die Kunden/innen kein Produkt bezahlen würden, das ihnen nicht rechtzeitig zur Verfügung stünde. Die Ausgaben für die fortwährende Produktmodifizierung und die Mitarbeitergehälter blieben währenddessen bestehen. Langfristig sollte jedoch die reibungslos funktionierende technische Ausstattung der Toniebox die Kundenzufriedenheit etablieren, steigern und einen Grundstein für die hervorragende Unternehmensreputation legen. Diese sollte wiederrum den langfristigen Zugang zu finanziellen Ressourcen und die weitere Entwicklung des Unternehmens sichern.

Zum Vergleich mit Global Playern

In solchen Entscheidungssituationen befinden sich keinesfalls allein junge Unternehmen. Vielmehr sind alle Unternehmen (unabhängig von Alter und Größe) damit konfrontiert, sich mit der Entwicklung von innovativen Produkten auseinanderzusetzen. Es bietet sich ein international etabliertes Unternehmen für einen Vergleich an, das ebenfalls auf die Entwicklung technischer Innovationen angewiesen ist, nämlich Microsoft.

Der Softwarekonzern beschäftigte sich ab dem Jahr 2001 mit der Entwicklung der Version Windows Vista und brachte das Produkt am 30. Januar 2007 auf den Markt.[5] Nach einigen Schätzungen investierte das Unternehmen 500 Millionen US-Dollar in die Marketingkampagne und rechnete damit, dass die Hälfte der Anwender innerhalb der darauf folgenden zwei Jahre die Premiumversion nutzen würde.[6]

Trotz der relativ langen Entwicklungszeit, der relativ hohen Entwicklungskosten und einer aggressiven Marketingkampagne entsprach Windows Vista

---

5 Vgl. Facts About Microsoft (2018), verfügbar unter https://news.microsoft.com/facts-about-microsoft/.
6 Vgl. AdAge (2007), verfügbar unter http://adage.com/article/digital/microsoft-pumps-500-million-vista-marketing-campaign/114589/.

nicht den Anforderungen der Kunden/innen, denn sie nahmen es als ein Produkt wahr, das für eine Vermarktung noch nicht bereit war. Dafür gab es mehrere Gründe. Zum einen hatte sich das Unternehmen das Ziel gesetzt, die Nutzerkonten so sicher wie möglich zu machen. Infolgedessen wurden die Nutzer selbst bei trivialen Operationen wie dem Öffnen eines Programms oder einer Datei mit Systemmeldungen konfrontiert und mussten das Fortführen der jeweiligen Operation zunächst bestätigen. Daraus ergab sich insgesamt eine zu hohe Anzahl von Systemmeldungen, die den Arbeitsfluss störten.

Außerdem beanspruchte Windows Vista eine zu große Speicherkapazität vieler Computerfestplatten, die zu diesem Zeitpunkt auf dem Markt waren, das heißt, bei älteren Geräten kam es zu Kompatibilitätsproblemen zwischen der neuen Software und der bestehenden Hardware. Aufgrund der fehlenden technischen Kompatibilität erlebten viele Nutzer die Arbeit mit dem neuen System als zu langsam und instabil.

Dabei war Windows Vista nicht günstig. So kostete die Version Windows Vista Ultimate ca. 400 US-Dollar und Vista Home Premium 239 US-Dollar (zum Vergleich: Windows 10 Pro, eine spätere Version mit vergleichbaren Features, kostete nur 199 US-Dollar). Die hohen Kosten und die sich schnell verbreitende negative Kritik führten zu der Entscheidung vieler Nutzer, ihr System nicht gegen Windows Vista zu tauschen. Die Einnahmen des Softwarekonzerns konnten somit nicht das anvisierte Niveau erreichen.[7]

Der gescheiterte Produktlaunch von Windows Vista wurde von dem direkten Konkurrenten Apple in seiner Werbekampagne in der Serie „I'm a Mac" ausgenutzt. Nach einigen Einschätzungen wäre der Schaden für Microsoft noch größer gewesen, wenn zu dem Zeitpunkt soziale Netzwerke bereits etabliert gewesen wären, da sie zur Verbreitung der negativen Nutzerkritik erheblich beigetragen hätten.[8] Diese These stützen Nutzerstatistiken: Im Dezember 2006, kurz vor dem Launch von Windows Vista, hatte der Vorreiter auf dem Gebiet der sozialen Medien Facebook weltweit 12 Millionen aktive Nutzer monatlich, während ihre Anzahl im Juni 2018 bereits 2,23 Milliarden betrug.[9]

---

7 Vgl. Windows Central (2018), verfügbar unter https://www.windowscentral.com/windows-vista-5-things-you-might-not-know-about-microsoft-messiest-os-release.
8 Vgl. Spiegelonline (2011), verfügbar unter http://www.spiegel.de/karriere/a-786369.html.
9 Vgl. Newsroom Facebook – Company Info (2018), verfügbar unter https://newsroom.fb.com/company-info/.

Vergangenheit, Gegenwart, Zukunft

Die Boxine GmbH wurde im Dezember 2013 von Faßbender und Stahl in Düsseldorf gegründet. Das junge Unternehmen wollte ein innovatives Produkt, die Toniebox, entwickeln und somit eine neue, bisher nicht existierende Nische auf dem globalen Markt besetzen. Seit seiner Gründung musste das Unternehmen viele Herausforderungen überwinden, um zum Beispiel eine staatliche Förderung oder einen Bankenkredit als Startfinanzierung zu erhalten. Der Grund dafür habe, so Stahl, in der durch die deutsche Mentalität bedingte Neigung der potenziellen Investoren bestanden, Risiko zu vermeiden. Deshalb mussten er und Faßbender die Unternehmensgründung mit Eigenkapital finanzieren. Auch bei der Suche nach geeigneten kostengünstigen Büroräumen und bei rechtlichen Fragen hätten sie sich mehr Unterstützung seitens der Stadt Düsseldorf gewünscht, als sie zum Zeitpunkt der Gründung erhalten haben.

Weitere Hürden ergaben sich im Zuge der Produktentwicklung: Die Toniebox musste für Kinder in einem Alter ab drei Jahren einfach und sicher zu benutzen sein, technisch reibungslos funktionieren und gleichzeitig als Spielzeug optisch attraktiv gestaltet sein. Diese Schwierigkeiten haben die Gründer gemeistert, indem sie sich für die hohe Produktqualität und nicht für den kurzfristigen Profit entschieden. Die positiven Folgen dieser Entscheidung führten das Unternehmen zum wirtschaftlichen Erfolg: Umsatz und Gewinn stiegen rasant an, während die Anzahl technischer Reklamationen gering blieb. Dieser Erfolg innerhalb Deutschlands erlaubt der Boxine GmbH, für die Zukunft eine internationale Expansionskampagne zu planen. Einen ersten Schritt in diese Richtung ging das Unternehmen, indem es 2018 eine Zweigniederlassung in London eröffnete.

Auch die Zahl der Mitarbeiter/innen entwickelten sich positiv: Aus dem Duo der Gründer im Jahr 2013 ist ein Team aus ca. 80 Personen im Jahr 2018 geworden. Im Unternehmen wird Wert darauf gelegt, eine partizipative Kultur aufrechtzuerhalten. Diese steigert sowohl seine Attraktivität als Arbeitgeber als auch die Motivation der Mitarbeiter/innen.

Die steigenden Verkaufszahlen für die digitalen, nicht physischen Tonträger in Deutschland sowie für die Hörbücher auf dem weltweit größten Markt in den USA bilden die Grundlage für eine positive Prognose. Eine direkte Konkurrenz war zum Zeitpunkt der Fallstudienvorbereitung gering (Stand: November 2018). Es ist anzunehmen, dass die Boxine GmbH aufgrund der bestehenden Nachfrage und des mangelnden Angebots erfolgreich expandieren und auch auf dem internationalen Markt einen guten Umsatz erzielen wird. Stahl rechnet damit, dass wenn das Konzept von Toniebox internationale Bekanntheit erlangt, andere Unternehmen es nachahmen und modifizieren werden. In der langfristigen Perspektive ist es infolgedessen möglich, dass das Angebot in diesem Marktsegment zunehmend vielfältiger, günstiger und der Markt gesättigt sein wird. Dies wird den Wettbewerbsdruck auf die Boxine GmbH erhöhen, worauf das Unternehmen mit der Erweiterung des Portfolios auf weitere Altersgruppen, zum Beispiel Grundschulkinder, und der Beibehaltung von hohen Qualitätsstandards reagieren könnte.

COMPEON

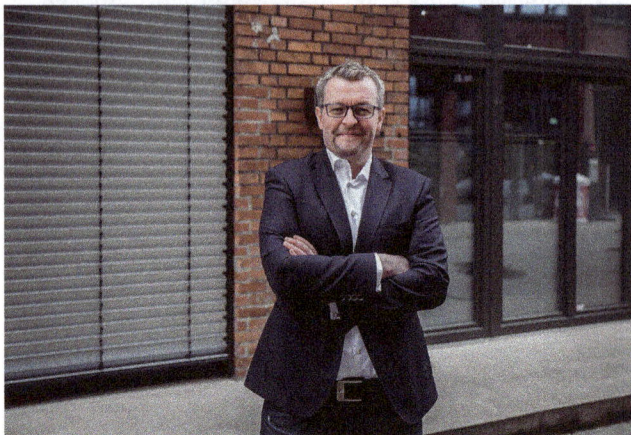

Dr. Frank Wüller – Geschäftsführer der Compeon GmbH
(Bildnachweis: Compeon GmbH)

Das Team der Compeon GmbH (Bildnachweis: Compeon GmbH)

Max Bömer

2 Compeon GmbH – Digitaler Finanzmarktplatz am Rhein

Die Digitalisierung in Wirtschaft und Gesellschaft ist in der vergangenen Dekade in den Fokus der gesellschaftlichen Diskussion gerückt. Die Digitalisierung kann das Wachstum und die Produktivität hierzulande steigern, gleichzeitig entstehen neue Arbeitsplätze in innovativen Unternehmen, welche die Wettbewerbsfähigkeit Deutschlands verbessern können.

Auch die Finanzindustrie ist von der Digitalisierung betroffen. Hier sind in den letzten Jahren junge Finanztechnologieunternehmen („Fintechs") entstanden, die durch den Einsatz neuer Technologien innovative Finanzprodukte anbieten. Im Mittelpunkt dieser Fallstudie steht die Düsseldorfer Compeon GmbH, welche einen digitalen Marktplatz für gewerbliche Finanzierungen entwickelt hat. Auf der einen Seite haben Unternehmen die Möglichkeit, auf dieser Internetplattform Finanzierungswünsche einzustellen. Auf der anderen Seite können die kooperierenden Finanzdienstleister hierzu Angebote abgeben, aus denen die Unternehmen das passende auswählen. Darüber hinaus bietet die Plattform auch Finanzvertrieben und Unternehmensberatern Potenziale durch die Finanzierungsvermittlung.

Da die Gründer der Compeon GmbH einen finanzwirtschaftlichen Hintergrund und keine klassische Ausbildung als Software-Entwickler absolviert haben, wurde die technische Entwicklung der Internetplattform bei der Gründung der Compeon GmbH im Jahr 2012 einer Agentur als externem IT-Dienstleister überlassen. Im Zuge der Etablierung fassten die Gründer später den weitreichenden Entschluss, eine eigene IT-Abteilung aufzubauen, um die Weiterentwicklung der Plattform in die eigene Hand zu nehmen und weitere IT-Entwicklungen umzusetzen.

Vor diesem Hintergrund analysiert die vorliegende Fallstudie die Umsetzung des IT-Insourcings am Beispiel der Compeon GmbH. Zuerst wird die Fintech-Branche in Deutschland näher beleuchtet und die Unternehmensgeschichte erzählt. Der Hauptteil konzentriert sich auf die Umsetzung des IT-Insourcings und zeigt auf, welche Gründe und Herausforderungen für die Compeon GmbH mit dieser Entscheidung verbunden waren. Abschließend erfolgt eine Zusammenfassung der Analyseergebnisse.

https://doi.org/10.1515/9783110663839-002

Finanzwelt im Umbruch

Mit Verbreitung des Internets und der Digitalisierung sind neue Geschäftsmodelle und Produkte entstanden, die nicht selten ganze Branchen grundlegend verändert haben. In der vergangenen Dekade sind in Deutschland besonders viele Innovationen und Neugründungen im Bereich der Finanzdienstleistungen entstanden. Hinter den Innovationen stehen junge Unternehmen, die als „Fintechs" bezeichnet werden. Eins ihrer gemeinsamen Merkmale ist, dass sie Finanzdienstleitungen durch internetbasierte Apps und den Einsatz moderner Technologien (künstliche Intelligenz, Big-Data-Analyse, Blockchain etc.) anbieten.

Der technische Fortschritt, die internationale Finanzkrise ab 2008 und das damit eingebüßte Vertrauen gegenüber Banken gelten als zentrale Faktoren für die Entstehung der Fintech-Branche in Europa und den USA. Vor allem junge Kunden/innen wandten sich von etablierten Banken ab, um die benutzerfreundlichen und transparenten Apps der Fintechs auszuprobieren. In diesem Sinne treten viele Fintechs mit ihren disruptiven Geschäftsmodellen in direkte Konkurrenz zu klassischen Finanzdienstleistern. Zudem gibt es eine weitere Gruppe von Fintechs, die das bestehende Bankenangebot um Mehrwert- oder Zusatzleistungen ergänzt. Eine dritte Gruppe von Fintechs bündelt die Dienstleistungen verschiedener Banken in Form von Vergleichs- und Vermittlungsportalen. Zu dieser letzten Gruppe zählt die Compeon GmbH. In der Vermittlung von gewerblichen Finanzierungen gab es im Jahr 2018 neben der Compeon GmbH als Marktführer nur einen aktiven Wettbewerber mit einem vergleichbaren Geschäftsmodell.

Die zahlreichen Kooperationen zwischen Banken und Fintechs verdeutlichen, dass sie mehr als nur konkurrierende Wettbewerber sind. Auf der einen Seite stehen Fintechs, die über innovative Lösungen und agile Teams verfügen, um kurzfristig auf Marktveränderungen reagieren zu können – häufig fehlen ihnen aber die notwendigen Ressourcen, um schnell und erfolgreich zu wachsen. Auf der anderen Seite stehen Banken, die aufgrund ihrer Organisationsstruktur eher träge agieren, wenn es um die Entwicklung und Implementierung neuer Lösungen geht. Allerdings besitzen sie umfangreiche finanzielle Ressourcen, einen großen Kundenstamm und die notwendigen regulatorischen Befugnisse, um beispielsweise Konten zu führen oder Gelder zu bewegen. Vor diesem Hintergrund haben Kooperationen zwischen alten und neuen Finanzdienstleistern ein großes Synergiepotenzial. Im Jahr 2016 waren knapp 90 Prozent aller deutschen Kreditinstitute bereits eine Kooperation mit einem Fintech eingegangen oder planten zumindest eine solche Zusammenarbeit in der nahen Zukunft.[1]

Im europäischen Vergleich hat Deutschland mit über 700 jungen Unternehmen im Jahr 2017 die zweitgrößte Fintech-Branche nach Großbritannien. Seit 2008 ist sie jährlich um durchschnittlich 33 Prozent gewachsen. Damit steht die Fintech-Branche bei der Anzahl der Gründungen an vierter Stelle in Deutschland. Zudem registrierten deutsche Fintechs eine steigende Anzahl an Nutzern. 2017 hatte ein Drittel der deutschen Internetnutzer indirekten Kontakt zu dem Produkt von mindestens einem Fintech aus dem B2C-Bereich.[2] Die meisten Fintechs sind in den Großstädten Berlin, München, Hamburg und den Metropolregionen Rhein-Main und Rhein-Ruhr beheimatet. Insbesondere in der Bundeshauptstadt hat sich durch das wachsende Start-up-Ökosystem und die hohen Venture-Capital-Investitionen in den vergangenen Jahren eine pulsierende Fintech-Szene entwickelt.

Als Nachteil für den Fintech-Standort Deutschland führen einige Experten die regulatorischen Hürden an. Für das Betreiben der meisten Finanzdienstleistungen benötigen Unternehmen in Deutschland nach dem Kreditwesengesetz oder anderen Normen eine kostspielige Lizenz. Im Unterschied zu Deutschland haben mehrere Länder wie Großbritannien, die Schweiz oder Singapur besondere regulatorische Rahmenbedingungen geschaffen, um Fintech-Gründungen zu fördern. Die sogenannten regulatorischen Sandkästen erlauben Fintechs, ihr Geschäftsmodell für einen bestimmten Zeitraum (zum Beispiel sechs Monate in Großbritannien) auszuführen, ohne die gewöhnlichen regulatorischen Vorgaben der Finanzaufsicht einhalten zu müssen.

Die Brexit-Entscheidung der Briten kann ein Wachstumstreiber für den deutschen Fintech-Markt sein, da Fintechs in Großbritannien Gefahr laufen, den Anschluss an den EU-Binnenmarkt zu verlieren. Bisher war es aufgrund der EU-Zugehörigkeit für britische Fintechs möglich, ihre Dienstleistungen ohne besondere Einschränkungen in Kontinentaleuropa zu vertreiben. Nach dem Wegfall der EU-Mitgliedschaft könnten einige britische Unternehmen ihren Hauptsitz von London nach Deutschland verlagern. In diesem Fall würden insbesondere deutsche Fintech-Hochburgen wie Berlin profitieren.

---

1 Vgl. Bundesfinanzministerium (2016), verfügbar unter https://www.bundesfinanzministerium. de/Content/DE/Standardartikel/Themen/Internationales_Finanzmarkt/2016-11-21-Gutachten-Langfassung.pdf?__blob=publicationFile&v=3.
2 Vgl. Digital Pioneers (2018), verfügbar unter https://t3n.de/news/fintech-Start-ups-deutschland-1097615/.

Gründer, die sich verstehen

Die Compeon GmbH wurde 2012 von Dr. Frank Wüller, Kai Böringschulte und Dr. Nico Peters in Emsdetten (Nordrhein-Westfalen) gegründet. Neben der beruflichen Tätigkeit in ihrem Unternehmen verbindet die Gesellschafter eine jahrelange Freundschaft: Alle drei stammen aus dem Münsterland und kennen sich bereits seit dem Grundschulalter. Eine weitere Gemeinsamkeit der Gründer besteht darin, dass jeder von ihnen eine klassische Ausbildung bei einer Bank bzw. Sparkasse absolviert hat. Mit Beginn des Studiums trennten sich ihre Wege dann vorläufig.

Wüller studierte Betriebswirtschaft und internationale Finanzwirtschaft an der Fachhochschule Münster und der Graduate School Pforzheim, bevor er später an der Bergischen Universität Wuppertal promovierte. Böringschulte erlangte wissenschaftliche Abschlüsse in Volkswirtschaftslehre und Betriebswirtschaftslehre an der Fernuniversität Hagen. Peters schloss an der Universität Münster den Studiengang Betriebswirtschaftslehre mit den Schwerpunkten Finanzwirtschaft und Supply Chain Management ab und promovierte im Anschluss an der Bergischen Universität Wuppertal.

Nach ihren Abschlüssen arbeiteten die drei zunächst wieder in ihren Ausbildungsunternehmen, bevor sie in den Jahren 2006 und 2007 zu einer bankorientierten Unternehmensberatung nach Münster wechselten, um dort im Firmenkundenbereich tätig zu werden. Zentrale Schwerpunkte waren prozessuale, vertriebliche und strategische Fragestellungen der gewerblichen Finanzierung. Darüber hinaus haben sie Banken und Sparkassen deutschlandweit beraten, mitunter über deutsche Grenzen hinaus.

Trotz der ähnlichen Lebensläufe macht Wüller deutliche Unterschiede hinsichtlich der Kompetenzen der Gründer aus: „Nico Peters ist bei uns der strategische Kopf, weil er sehr analytisch denkt. Kai Böringschulte ist sicherlich sehr stark im Vertrieb, und ich bin eher Generalist und kümmere mich außerdem um die Themen Finance und Operations. Das waren auch damals schon unsere Rollen bei der ZEB und die haben wir auch bei Compeon fortgeführt."

Am Anfang war die Idee

Auf die Geschäftsidee, die Compeon GmbH zu gründen, ist das Trio im Jahr 2010 aufgrund seiner Beratertätigkeit für Banken gekommen. Im Rahmen von Projekten bearbeiteten die drei viele Fragestellungen zum Firmengründergeschäft. Dabei hatten sie auch Einblicke in den Privatkundenmarkt, der sich zu dieser Zeit durch die Digitalisierung rasant veränderte. Wüller erinnert sich: „Für uns lag der Schluss nahe, dass die Digitalisierung beim Firmenkundengeschäft nicht Halt machen würde. Die Ideen spielten sich in dem Umfeld Digitalisierung, Firmenkundengeschäft und Kundengewinnung bzw. Kundenbindung ab. Daher sind die Gedanken aufgekommen, dass wir Spaß daran haben würden, uns selbstständig zu machen. Es stand natürlich die Frage im Raum, wie wir dies konkret machen. Unterschiedliche Recherchen, Projekte, Interviews und Ähnliches haben uns dann letztlich dazu veranlasst, ein Marktplatzmodell für gewerbliche Finanzierungen ins Leben zu rufen, und das haben wir dann Ende 2012 mit der Gründung umgesetzt."

Als Vorbild dienten diverse digitale Marktplätze aus verschiedenen Branchen und Industrien. Ein spezielles Marktplatzmodell aus dem Bereich Finanzdienstleistungen, welches sich die Gründer sehr genau angeschaut hatten, war interhyp. Darüber hinaus beschäftigten sich die drei Gründer auch grundsätzlich mit dem Thema Marktplatzökonomie und gingen der Frage nach, wie Marktplätze eine höhere Effizienz erzielen können. Dafür untersuchten sie die großen strukturierteren und standardisierten Marktplätze wie Check24, Amazon oder Airbnb.

Die ersten fünf Jahre

Nach dem Markteintritt im Jahr 2013 hat die Compeon GmbH es geschafft, das Anfragevolumen und den Umsatz jedes Jahr zu verdoppeln. Bislang wurden bereits mehr als 500 Millionen Euro an Finanzierungsvolumen erfolgreich bei Banken platziert. Für das Jahr 2019 strebt die Compeon GmbH die Überschreitung der 1-Milliarden-Grenze an. Wüller erklärt das rasante Wachstum mit zwei Effekten: „Zum einen gibt es den Effekt, dass wir durch die steigende Größe mehr Marketing machen und dadurch präsenter sind. Der zweite Effekt ist, dass der Markt für online vermittelte Finanzierung ein sehr stark wachsender Markt ist. Der Marktwachstumseffekt erklärt sich durch einen Wandel von der stationären 1:1-Hausbankbeziehung hin zu unabhängigen Ansätzen. Unsere Wachstumskurve flacht dadurch nicht ab, sondern gewinnt an Dynamik."

Der Erfolg der Compeon GmbH lässt sich unter anderem an der Mitarbeiteranzahl ablesen. Nach dem Start mit den drei Gründern stieg in den folgenden zwei Jahren die Anzahl der Mitarbeiter/innen langsam auf zehn. Im Sommer 2018 umfasste das Team bereits etwa 80 Mitarbeiter/innen in den Bereichen IT, Marketing, Firmenkundenbetreuer und Administration. Anfang 2019 ist die Zahl der Mitarbeiter auf mehr als 100 gestiegen.

Was Insourcing mit dem Standort zu tun hat

Die wichtigste Entscheidung der Gründer für ihr Unternehmen war der Aufbau einer eigenen IT-Abteilung, um die Compeon-Plattform vollständig unabhängig von externen Dienstleistern betreuen zu können, nachdem mit der Entwicklung der Plattform zunächst eine Agentur beauftragt worden war.

Im betriebswirtschaftlichen Kontext spricht man an dieser Stelle von „Insourcing", das heißt, zuerst wird eine unternehmerische Aktivität an ein anderes Unternehmen ausgelagert (Outsourcing), welche dann in einer späteren Unternehmensphase internalisiert wird. Es gibt verschiedene Gründe, warum Unternehmen zunächst die IT auslagern. Meistens möchten sie sich zuerst auf andere Hauptanliegen konzentrieren. Im Fall der Compeon GmbH stand zunächst die Gewinnung von Banken im Vordergrund. Wüller dazu: „Der Kern unserer Tätigkeit war zu Beginn von Compeon die Bankengewinnung. Diese lag sehr stark bei uns Gründern, da wir viele Banken aus unserer alten Tätigkeit kannten. Schätzungsweise 80 Prozent der Zeit, die wir täglich allokiert haben, wurde für die Partnergewinnung investiert. Wir haben uns damit auf die Angebotsseite des Marktplatzes konzentriert. Das Kundenmarketing und die IT waren damals noch ausgelagert."

Ein weiterer Grund für die initiale Auslagerung der IT war, dass die Gründer eher Kompetenzen auf den Gebieten Betriebs- und Finanzwirtschaft besitzen und keine Programmierer sind.

Im Laufe einer Unternehmensentwicklung beginnen viele Gründer, die Auslagerungssituation kritisch zu hinterfragen. Grundsätzlich bestehen verschiedene Ursachen, warum Insourcing in einer späteren Unternehmensphase attraktiv wird:

1. Geschwindigkeit und Flexibilität:
   Vor allem im IT-Bereich sind schnelle Reaktionszeiten und eine hohe Flexibilität von hoher Bedeutung. Eine interne Entwicklung ermöglicht eine schnellere und effizientere Kommunikation als zu einem externen Entwickler. Hier kommt es häufig zu Rückfragen und langen Umsetzungs- bzw. Entwicklungszeiten.
2. Wiedererlangen von Know-how:
   Mit der Outsourcing-Entscheidung ist gleichzeitig ein Verlust von firmeninternem Know-how verbunden. Dies ist vor allem dann kritisch, wenn es um das sensible Kerngeschäft von Unternehmen geht.
3. Reduzierung der Abhängigkeit:
   Durch die Auslagerung von Prozessen begibt sich das Unternehmen in eine Abhängigkeit von externen Anbietern.

4. Arbeitsmoral und -loyalität:
   Mitarbeiter/innen, die sich stark mit einem Unternehmen und dessen Produkten identifizieren, liefern oft bessere Ergebnisse als solche, die keinen unmittelbaren Bezug zu dem Unternehmen haben.
5. Kontrolle und Sicherheit:
   Erfolgt die Produktion intern, hat die Geschäftsführung eine bessere Übersicht und Kontrolle der Projekte. Sie wird jederzeit über Fortschritte informiert und kann ggf. Maßnahmen ergreifen, falls Probleme auftreten. Die direkte Kontrolle einer internen Produktion schützt das Unternehmen besser gegen Verbrechen, Diebstahl, Angriff, Sabotage und Spionage.
6. Höhere Servicequalität und Kundenzufriedenheit:
   Die interne Produktion kann zudem die IT-Servicequalität und Kundenzufriedenheit steigern, da die tatsächliche Qualität der ausgelagerten Produktion mitunter durch standardisierte Lösungen aufseiten des Anbieters nicht den Kundenerwartungen entspricht.
7. Kostenreduktion:
   Outsourcing dient dazu, Kosten zu senken. Falls jedoch standardisierte Lösungen zu einer unerwartet schlechten Servicequalität führen, kommt es wiederum verstärkt zu Änderungswünschen, welche mit einem deutlichen Kostenanstieg verbunden sind.

Die entscheidenden Motive für das Insourcing der IT waren im Fall von Compeon eine Steigerung von Geschwindigkeit und Flexibilität, um die Entwicklungszyklen zu verkürzen und die Umsetzungszeiten zu verringern.

Insourcing hat für Unternehmen in bestimmten Situationen viele Vorteile. Allerdings sind verschiedene Herausforderungen und Risiken mit dieser Entscheidung verbunden, welche unbedingt berücksichtigt werden sollten:
1. Preis:
   Unternehmen neigen bei der Planung des Insourcings dazu, den Business Case „schön zu rechnen". Dabei passen sie häufig die bevorstehenden Kosten für die interne Umsetzung so an, dass sie unterhalb der Kosten des externen Servicepartners liegen. Dies birgt allerdings die Gefahr, dass Abstriche hinsichtlich Umsetzungszeit und Qualität notwendig sind.
2. Übergabe:
   Auch bei und nach der Übergabe des Projekts kann es zu unangenehmen Überraschungen kommen, wenn Rechte und Pflichten im Zusammenhang mit der extern hergestellten Leistung in der Exit-Vereinbarung nicht eindeutig oder zum Nachteil des Unternehmens geregelt sind. Es kann zum Beispiel sein, dass bestimmte Lizenz- oder Verfügungsrechte an dem Projekt bei dem

externen Dienstleister verbleiben und somit eine Abhängigkeit bestehen bleibt.

3. Betriebsblindheit:
   Nachdem das Projekt internalisiert wurde, besteht die Gefahr, dass keine oder eine nur unzureichende objektive Einschätzung im Hinblick auf die eigenen Leistungen stattfindet. So werden einfache Fehler übersehen und alternative Lösungsansätze außer Acht gelassen. Beides kann in letzter Konsequenz zu hohen Kosten und einer gehemmten Innovationsfähigkeit des Unternehmens führen.

4. Personal:
   Der zentrale Punkt beim Insourcing ist der Aufbau eines Teams, welches die Aufgaben des zuvor ausgelagerten Projekts übernimmt. Hierfür muss genügend Personal mit zeitgemäßen IT-Fachkenntnissen zur Verfügung stehen. Nur dann ist eine erfolgreiche Übernahme des Projekts gewährleistet. Steht nicht ausreichend qualifiziertes Personal zur Verfügung oder sind weitere benötigte Ressourcen (Hardware-Ausstattung, Server-Kapazität, Software-Lizenzen etc.) nicht korrekt geplant, kann es zu kostspieligen Engpässen kommen. Teilweise versuchen Unternehmen dann, bestimmte Aktivitäten anderen Abteilungen zu übergeben, um den eigenen Aufwand zu senken, was allerdings zu unübersichtlichen und schwer handhabbaren Prozessen führt. Darüber hinaus müssen Unternehmen gewährleisten, dass Mitarbeiter/innen mit den schnelllebigen Entwicklungen in der IT Schritt halten. Dafür müssen sie laufend weitergebildet und geschult werden, wodurch zusätzliche Kosten entstehen.

Standortwechsel – gut für das Personal

Für die Compeon GmbH bestand die größte Herausforderung beim Insourcing der IT darin, ein eigenes IT-Team aufzubauen, welches die Arbeitsfelder der Agentur übernahm und fortführte. Dabei zog die Entscheidung des IT-Insourcings eine weitere Schlüsselfrage nach sich.

Die Compeon GmbH wurde in Emsdetten, einer Kleinstadt mit etwa 36.000 Einwohnern, gegründet. Bei dem Versuch, dort ein eigenes IT-Team aufzubauen, stellten die Gründer fest, dass sie im Münsterland zwar Bankkaufleute gut rekrutieren konnten, allerdings keine qualifizierten IT-Fachkräfte. Wüller erinnert sich: „Als wir begonnen haben ITler zu suchen, die Know-how im Online-Marketing haben und sich in der Nische Internet und Finance auskennen, mussten wir schnell feststellen, dass nur sehr wenige Bewerbungen eingingen. Hinzu kam, dass die

Bewerber an Homeoffice-Ansätzen interessiert waren, weil sie sich nicht vorstellen konnten, nach Emsdetten zu ziehen."

So wurde den Gründern klar, dass ein neuer Standort für die Compeon GmbH benötigt wird, um eine schlagkräftige eigene IT-Abteilung aufbauen. Es kamen verschiedene Standorte infrage. Um herauszufinden, welche Städte am besten für den Aufbau des IT-Teams geeignet sind, veröffentlichten die Gründer Stellenanzeigen für verschiedene Standorte und warteten das Feedback ab. Wüller dazu: „Wir stellten fest, dass Düsseldorf bei den Bewerbern gut ankam. Wir haben uns dann dazu entschieden, den kleinen Standort, der bereits in Düsseldorf bestand, stetig zu erweitern. Also korrelierte der Teamaufbau der IT stark mit dem Umstand, dass wir nach Düsseldorf gegangen sind."

Die drei Gründer fanden in Alex Bierhaus einen IT-Experten als Leiter des IT-Teams, der zuvor schon im Raum Düsseldorf verortet war und als neuer vierter geschäftsführender Gesellschafter den Aufbau der internen IT-Abteilung maßgeblich vorantrieb. Wüller erinnert sich: „Alex Bierhaus ist bei unterschiedlichen Events aufgetreten und hat Compeon bekannter gemacht. Dadurch haben wir es geschafft, sehr gute Entwickler, die am Markt rar gesät sind, für Compeon zu gewinnen."

Die Landeshauptstadt unterscheidet sich von anderen Start-up-Metropolen wie Berlin laut Wüller in der geringeren Arbeitnehmerfluktuation, insbesondere bei IT-Fachkräften. Außerdem ist eine hohe Anzahl an IT-Fachkräften durch die breit gefächerte Unternehmenslandschaft und die verschiedenen Hochschulen in Düsseldorf unmittelbar beheimatet. Zudem hat die Stadt eine gewisse Strahlkraft und Fachkräfte sind gewillt, für einen neuen Job nach Düsseldorf umzuziehen. Wüller dazu: „Wir haben einige Kollegen gewinnen können, die aus der Region Münster kommen und es als spannendes Momentum gesehen haben, jetzt mit einer Jobveränderung nach Düsseldorf zu ziehen."

Standortwechsel – gut für Kunden

Die Entscheidung des IT-Insourcings ging mit einem Wechsel des Standorts von Emsdetten nach Düsseldorf einher, da dort eine bessere Personalverfügbarkeit von IT-Fachkräften gegeben ist. Darüber hinaus brachte der neue Standort weitere wichtige Vorteile mit sich, die sich positiv auf das Wachstum der Compeon GmbH auswirkte.

Die Compeon GmbH spricht mit ihrem Marktplatz für die Vermittlung von gewerblichen Finanzierungen mehrere unterschiedliche Zielgruppen an. Zum einen handelt es sich um Unternehmen, die über die Plattform wegen einer Finanzierung anfragen. Zum anderen sind die angeschlossenen Finanzdienstleister ebenfalls als Kunden anzusehen, da die Compeon GmbH durch das Marktplatzmodell von ihnen nach erfolgreicher Vermittlung eine Vergütung erhält und mit der Anzahl an Finanzdienstleistern das Angebot für die Unternehmen wächst und die Plattform attraktiver wird. Des Weiteren bietet die Plattform auch Potenzial für Finanzbetriebe und Berater, die durch die Plattform Finanzierungsvorhaben ihrer gewerblichen Kunden ausschreiben. Auch Unternehmen nutzen Compeon für den Absatz ihrer Produkte, um ihren Kunden so direkt die passende Finanzierung zum Produkt liefern zu können.

Im Hinblick auf die Firmenkunden ist Düsseldorf als neuer Standort für die Compeon GmbH interessant, da die Stadt geostrategisch im Rheinland und in der Nähe des Ruhrgebiets liegt. Aufgrund dieser Lage haben sich dort viele Firmen aus unterschiedlichen Industrien angesiedelt, was ebenfalls bei der Standortentscheidung berücksichtigt wurde. Wüller erklärt: „In NRW findet man im europäischen Vergleich die größte Akkumulation von mittelständischen Unternehmen vor. Mit unserem Business-to-Business-Konzept war das ein sehr wichtiger Faktor in unserer Standortentscheidung."

Über die digitale Plattform der Compeon GmbH schließen Kunden in ganz Deutschland online Finanzierungen ab. Daher nehmen die Kundenbetreuer des Unternehmens selten Termine außer Haus wahr. Allerdings stellt Wüller fest, dass eine gewisse räumliche Nähe einen positiven Effekt auf Wahrnehmung der Firmenkundschaft ausübt.

Darüber hinaus wurde die Dichte an Finanzinstituten bei der Standortwahl berücksichtigt. In Deutschland stellt Frankfurt am Main den Hauptfinanzmarktplatz dar. Im Fall der Compeon GmbH war dies allerdings nicht ausschlaggebend. Wüller dazu: „Frankfurt ist zwar der größte Finanzplatz in Deutschland. Aber von unseren zentralen Partnern sitzen gar nicht mehr so viele in Frankfurt. Wir setzen sehr bewusst darauf, mit den Primärinstituten wie Volksbanken, Raiffeisenbanken und Sparkassen zusammenzuarbeiten. Darüber hinaus sitzen aber auch die großen Privatbanken oder auch kleinere Privatbanken in anderen Städten als Frankfurt. Düsseldorf bietet daher mit der zentralen Lage für uns weitere Vorteile."

Kurz und bündig

Die Digitalisierung betrifft jeden, da sie mit einem tiefgreifenden Wandel in nahezu jedem Lebensbereich verbunden ist. Die digitale Transformation in Deutschland birgt große Chancen für mehr Lebensqualität, neue Geschäftsmodelle und effizienteres Wirtschaften.

Inzwischen hat die Digitalisierung in Deutschland auch die Finanzindustrie eingeholt. Junge Fintechs überraschen mit innovativen Ideen und sorgen für Aufbruchsstimmung. Einige von ihnen werden zu einer Gefahr für etablierte Banken und Versicherungen, da ihre Dienstleistungen mögliche Alternativen für Kunden darstellen. Andere Fintechs arbeiten bewusst mit Banken zusammen und nutzen Synergiepotenziale.

Eins der erfolgreichsten Fintechs in Deutschland ist die Compeon GmbH. Über ihre Internetplattform für gewerbliche Finanzierungen bringt sie Firmenkunden, die Finanzierungen nachfragen, und Finanzpartner, die Finanzierungslösungen anbieten, zusammen. Auf diese Art und Weise eröffnet das Unternehmen den Banken einen neuen Vertriebsweg und bietet den Firmen eine transparente Auswahl an Finanzierungsangeboten.

Wie bei den meisten Fintech-Gründungen kam auch die Idee für die Compeon GmbH von erfolgreichen Branchenkennern, hier Beratern, die auf eine jahrelange Berufserfahrung im Firmenkundengeschäft zurückblickten. Nach einer intensiven Auseinandersetzung mit gewerblichen Finanzierungen erkannten die drei Gründer, dass digitale Marktplätze auch im Bereich der Mittelstandsfinanzierung zu einem erheblichen Effizienzgewinn führen können. Die technische Umsetzung des digitalen Geschäftsmodells erfolgte zunächst wie bei den vielen Fintechs durch eine beauftragte Agentur.

Die externe Entwicklung einer digitalen Plattform ist häufig die zunächst beste Lösung für Fintech-Gründer, da diese – wie im Fall der Compeon GmbH – aus der Finanzindustrie stammen und keine Software-Entwickler im klassischen Sinne sind. Die externe Betreuung der Plattform bringt allerdings auch diverse Nachteile mit sich. Da digitale Geschäftsmodelle permanent auf dem Prüfstand stehen und laufend weiterentwickelt werden müssen, entschieden sich die Gründer dafür, eine eigene IT-Abteilung aufzubauen, um die Plattform schnell und flexibel pflegen zu können. Darüber hinaus entwickeln die IT-Mitarbeiter neben der zentralen Plattform auch weitere Service-Angebote für Kunden wie einen Chatbot, Voice Assist oder die Integration in Partnersysteme über tiefe Schnittstellen.

Im Zuge dieser Umstrukturierung bemerkten die Gründer bald, dass an ihrem ursprünglichen Gründungsort Emsdetten nicht ausreichend Programmierer vorhanden waren und Programmierer außerhalb der Stadt nicht überzeugt werden konnten, in die Kleinstadt zu wechseln. Daher zog die Entscheidung des IT-Insourcings eine Verlegung des Standorts nach Düsseldorf nach sich, da die Verfügbarkeit von gut ausgebildeten IT-Spezialisten in der Rheinmetropole deutlich besser aussah. Zudem befindet sich die Compeon GmbH nun näher an vielen Firmenkunden und Banken, welche zu einem großen Teil im Ballungsgebiet Rhein-Ruhr verortet sind.

Infolge der IT-Eingliederung haben sich die Entwicklungszyklen für die Plattform deutlich verkürzt. Die Compeon GmbH ist inzwischen deutlich schneller und flexibler bei der Entwicklung und Implementierung neuer Features. Die höhere Agilität in der Plattformentwicklung übt zudem einen unmittelbaren Einfluss auf die Anzahl der Anfragen aus. Damit ist das Unternehmen nun bestens aufgestellt, um weiterhin zu wachsen und die Rolle des Marktführers in Deutschland in der digitalen Vermittlung von gewerblichen Finanzierungen zu behaupten.

Das Team des digihub Düsseldorf/Rheinland
(Bildnachweis: digihub Düsseldorf/Rheinland)

Tamara Naulin und Marisa Henn

3 digihub Düsseldorf/Rheinland – Digitale Geschäftsmodelle

Die Bedeutung der digitalen Wirtschaft nahm nicht nur international wie beispielsweise im Silicon Valley, sondern auch in Deutschland rasant zu. In diesem
Zuge hielt die Digitalisierung Einzug in alle Branchen, Unternehmen und Geschäftsmodelle – auch in Nordrhein-Westfalen. Besonders für diesen Industrie-
standort stellten der Strukturwandel und die Digitalisierung eine große Herausforderung dar, gleichzeitig jedoch auch eine große Wachstumschance. Mit der
Initiative Digitale Wirtschaft NRW (DWRNW) setzte sich das Land im Jahr 2015
das Ziel, die Rahmenbedingungen für die digitale Wirtschaft zu verbessern, indem es anhand verschiedener Maßnahmen elektronische Geschäftsmodelle und
-prozesse stärkte. Eine Schlüsselmaßnahme der DWNRW-Strategie stellen sechs
DWNRW Hubs dar. Einer dieser Hubs – der digihub Düsseldorf/Rheinland –
hat das Ziel, zum Matchmaker und Accelerator für den Mittelstand, Start-ups,
Hochschulen und Konzerne zur Entwicklung neuer digitaler Geschäftsmodelle,
Produkte und Lösungen in Düsseldorf und Umgebung zu werden. Da innovative
Start-ups für den digitalen Fortschritt in Deutschland eine wichtige Rolle spielen,
ist die Unterstützung der lokalen Gründungsszene ein Schwerpunkt des digihubs
Düsseldorf/Rheinland. Nachdem er 2016 den Zuschlag für die Fördermittel als
DWNRW Hub erhielt, stand sein Team vor einer zentralen Entscheidungssituati-
on: Wie kann der digihub die Fördermittel sinnvoll einsetzen, um Matchmaker
für Start-ups, Mittelstand, Hochschulen und Konzerne zur Entwicklung neuer
digitaler Geschäftsmodelle, Produkte und Lösungen zu werden und die Start-up-
Landschaft in Düsseldorf nachhaltig wettbewerbsfähig zu machen?
Nach einer Analyse sinnvoller Maßnahmen zum Aufbau eines Digital Hubs
mit den Schwerpunkten Matchmaking und Open Innovation, wie zum Beispiel
eigener Co-Working Space, Events, Digital Academy, Workshops, Accelerator-Programm oder Digitalberatung entschied sich der digihub Düsseldorf/Rheinland,
mit den Bausteinen „Events" und „Ignition", dem eigenen Accelerator zu starten.
Durch die Implementierung dieser Bausteine gelang es dem digihub Düsseldorf/
Rheinland seit seiner Gründung im Jahr 2016, die Gründerszene in Düsseldorf und
Umgebung vielfältig positiv zu beeinflussen.

https://doi.org/10.1515/9783110663839-003

Digitale Wirtschaft

Die digitale Wirtschaft umfasst alle Wirtschaftszweige, die von der Digitalisierung betroffen sind. „Digitalisierung" beschreibt die Entwicklung und Veränderung von Produkten, Dienstleistungen, Geschäftsmodellen und unternehmensinternen Kernprozessen durch die Nutzung von Informations- und Kommunikationstechnologien (IKT). Der digitale Wandel bietet Möglichkeiten für neue digitale Produkte, Dienstleistungen, Prozesse und Geschäftsmodelle, zudem ergeben sich Chancen für mehr Lebensqualität, revolutionäre Geschäftsmodelle und effizienteres Wirtschaften.[1]

Die Bedeutung der digitalen Wirtschaft hat sowohl international als auch innerhalb von Deutschland seit den 2000ern rasant zugenommen, sodass neue digitale Lösungen bestehende Branchen, Unternehmen und Geschäftsmodelle gefährdeten. Dementsprechend formulierte die Bundesregierung im Jahr 2014 für Deutschland das Ziel, digitales Wachstumsland Nr. 1 in Europa zu werden, um langfristig international wettbewerbsfähig zu bleiben. Die Studie „Wirtschaft DIGITAL" maß mit dem „Wirtschaftsindex Digital" in einer Zahl, inwiefern die Digitalisierung in deutschen Unternehmen fortgeschritten war. 2018 lagen deutsche Unternehmen im Schnitt lediglich bei einem Index von 54 von 100 Punkten, jedem vierten deutschen Unternehmen bereitete die Digitalisierung noch Schwierigkeiten.[2]

Neben bestehenden Corporates, mittelständischen Unternehmen und Universitäten spielen vor allem Start-ups eine wichtige Rolle für den digitalen Fortschritt aufgrund ihrer innovativen und disruptiven Ideen. Deshalb wird im digitalen Wandel Deutschlands verstärkt auf die Innovationskraft von Start-ups gesetzt.[3] Voraussetzungen hierfür sind kluge Rahmenbedingungen und eine gezielte Förderung. Insbesondere für mittelständische Produktionsunternehmen stellt die Digitalisierung einen entscheidenden Wettbewerbsvorteil, jedoch auch eine bedeutende Herausforderung dar. Daher sind sie auf Förder- und Beratungsangebote angewiesen. Diese Angebote stellt beispielsweise die Initiative DWNRW durch verschiedene Maßnahmen bereit.

---

1 Bundesministerium für Wirtschaft und Energie (2019), verfügbar unter https://www.bmwi.de/Redaktion/DE/Dossier/digitalisierung.html.
2 Vgl. Bundesministerium für Wirtschaft und Energie (2018), verfügbar unter https://www.bmwi.de/Redaktion/DE/Publikationen/Digitale-Welt/monitoring-report-wirtschaft-digital-2018-langfassung.pdf?__blob=publicationFile&v=4.
3 Vgl. Presse- und Informationsamt der Bundesregierung (o. J.), verfügbar unter https://www.digitale-agenda.de/Webs/DA/DE/Handlungsfelder/2_DigitaleWirtschaft/digitale-wirtschaft_node.html.

Initiative DWNRW

Die Digitalisierung war besonders für Nordrhein-Westfalen eine Herausforderung, da im Ruhrgebiet traditionelle Industrien wie beispielsweise die Montanindustrie und der Maschinenbau lange Zeit vorherrschten. Gleichzeitig bedeutete die Digitalisierung jedoch auch eine große Wachstumschance. Das Bundesland verfügte bereits über eine starke industrielle Basis an Unternehmen: die zahlreichen Global Player der Industrie sowie die international erfolgreichen „Hidden Champions" des Mittelstands. Nordrhein-Westfalen sah deshalb ein hohes Innovationspotenzial sowie einen Wettbewerbsvorteil in der Verbindung dieser bestehenden Unternehmen mit den kreativen Ideen digitaler Start-ups.[4]

Verschiedene Studien ermittelten die Voraussetzungen wie Netzwerke, die Finanzierung sowie Unterstützung von anderen Wirtschaftsakteuren für die erfolgreiche Entstehung von Start-ups. Deshalb wurde im Jahr 2015 die „Digitale Wirtschaft NRW", eine Initiative des Ministeriums für Wirtschaft, Innovation, Digitalisierung und Energie des Landes NRW, gegründet. Das Ziel war es, die Rahmenbedingungen für die digitale Wirtschaft zu verbessen. Deshalb stellte das Land einen konkreten Maßnahmenkatalog mit einem Volumen von bis zu 42 Millionen Euro vor, um die Digitalisierung hinsichtlich elektronischer Geschäftsmodelle und -prozesse zu stärken. Unter dem Leitmotiv „Köpfe, Kapital und Kooperation" von und für Start-ups, Mittelstand und Industrie für digitale Geschäftsprozesse und -modelle in Nordrhein-Westfalen wurden sechs konkrete Unterstützungsmaßnahmen entwickelt. Eine dieser sechs Maßnahmen waren die DWNRW Hubs als regionale Zentren für die „Digitale Wirtschaft NRW".[5]

DWNRW Hubs

Schlüsselmaßnahme und Herzstück der DWNRW-Strategie waren sechs Hubs in Aachen, Bonn, Düsseldorf, Köln, im Münsterland und im Ruhrgebiet (Abb. 3.1). Die Hubs stellen, als gemeinsamer Verbund für NRW, Plattformen für die Kooperation von Start-ups, Mittelstand, Konzernen, Universitäten und Investoren bei Digitalprojekten dar. Als übergeordnete Zielsetzung galten die Aspekte Kapitalaktivierung, Kooperationswerkstatt sowie ein Flächen- und Regionalbezug, der spezifische digitale Stärken, Strukturen und Perspektiven verbinden sollte. Ne-

---

4 Vgl. Ministerium für Wirtschaft, Innovationen, Digitalisierung und Energie des Landes Nordrhein-Westfalen (o. J.), verfügbar unter https://www.wirtschaft.nrw/digitale-wirtschaft.
5 Vgl. Ministerium für Wirtschaft, Innovationen, Digitalisierung und Energie des Landes Nordrhein-Westfalen (o. J.), verfügbar unter https://www.wirtschaft.nrw/digitale-wirtschaft.

ben der Tätigkeit als Anlaufstelle und Kooperationsvermittler für die handelnden Akteure ermöglichten die DWNRW Hubs es den Unternehmen digitale Prototypen und White-Label-Lösungen für Geschäftsmodelle im Netz zu erarbeiten.[6]

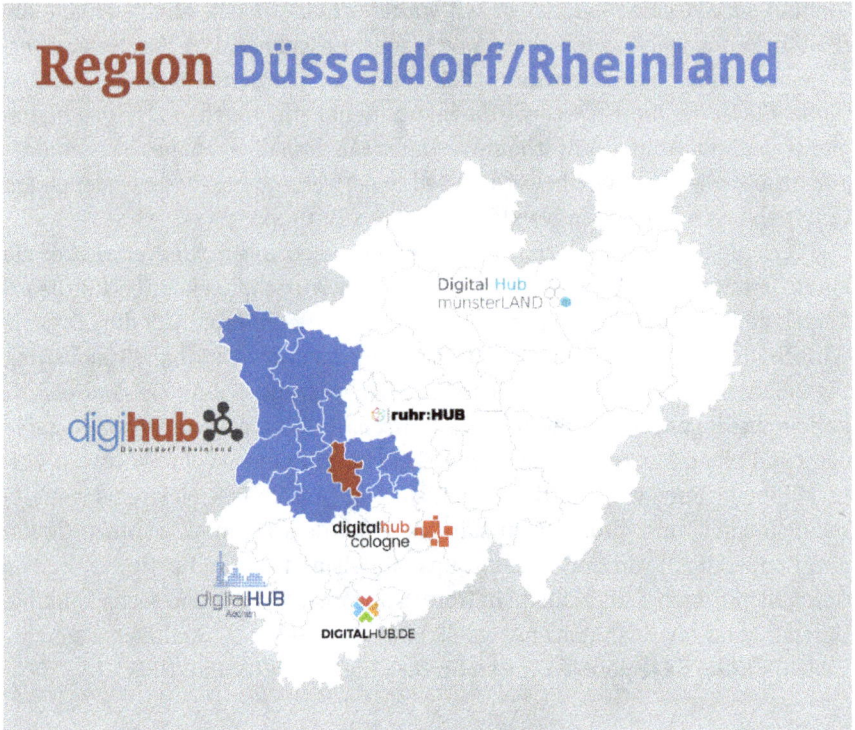

Abb. 3.1: Der digihub Düsseldorf/Rheinland und fünf weitere DWNRW Hubs (Quelle: https:// digihub.de/)

digihub Düsseldorf/Rheinland

Im Januar 2016 erfolgt ein Förderaufruf des Landes Nordrhein-Westfalen, auf welchen hin sich jede Stadt und jede Kommune bewerben konnte. Der damalige Leiter der Wirtschaftsförderung in Düsseldorf verantwortete den Antrag der

---

6 Vgl. Ministerium für Wirtschaft, Energie, Industrie, Mittelstand und Handwerk des Landes Nordrhein-Westfalen (o. J.), verfügbar unter https://www.ptj.de/lw_resource/datapool/ systemfiles/cbox/2926/live/lw_bekdoc/web_nrwbroschre_hubs.pdf.

Region Düsseldorf/Rheinland und kontaktierte Peter Hornik und Dr. Klemens Gaida. Beide besaßen bereits jahrelange Erfahrung: Hornik war etablierter Seriengründer, Angel Investor, Mitinitiator der Start-up-Sprints in Düsseldorf und Berater bei einem Energiekonzern. Gaida hatte im Bereich Mobile Kommunikationssysteme und -dienste promoviert und war als Innovationsmanager sowie Unternehmensberater tätig gewesen. 2012 gründeten sie gemeinsam die 1stMover, ein Beteiligungs- und Beratungsunternehmen, durch welches sie mit zwei weiteren Business-Angels-Erstfinanzierungen (ca. 25.000 bis 100.000 Euro) gegen einen Unternehmensanteil für Start-ups tätigten. Diese Tätigkeit betrieben sie mit großer Leidenschaft und gehörten für diesen Bereich zu den ersten Anbietern in Düsseldorf.

Da Hornik und Gaida sich gut vorstellen konnten, die Geschäftsführung eines DWNRW Hubs in Düsseldorf zu übernehmen, stiegen sie in die Antragstellung mit ein. Sie pitchten erfolgreich für die Stadt Düsseldorf, sodass am 8. Juli 2016 der Erhalt des Zuschlags von dem damaligen NRW-Wirtschaftsministers Garrelt Duin verkündet wurde. Daraufhin wurde der digihub Düsseldorf/Rheinland im September 2016 mit einem kleinen Gesellschafterkreis – bestehend aus der Landeshauptstadt Düsseldorf, der IHK Düsseldorf, dem Rhein-Kreis Neuss und der Wirtschaftsförderung Mönchengladbach – gegründet und nahm im Oktober 2016 mit vielen weiteren Kooperationspartnern seine Tätigkeit auf.

Die Finanzierung

Die Finanzierung der DWNRW Hubs, unter anderem des digihubs Düsseldorf/Rheinland, erfolgte durch verschiedene Parteien. Im Rahmen der ausgeschriebenen Fördermittel konnte pro Hub eine Fördersumme in Höhe von bis zu 1,5 Millionen Euro (Förderquote: maximal 50 Prozent, 500.000 Euro pro Jahr bei drei Jahren Förderzeitraum; 50 Prozent Eigenmittel) beantragt werden. Darüber hinaus mussten Eigenmittel akquiriert werden. Die Eigenmittel von 500.000 Euro pro Jahr wurden durch die Partner des digihubs Düsseldorf/Rheinland bereitgestellt. Die Landeshauptstadt Düsseldorf stellte mit 250.000 Euro pro Jahr den größten Teil zur Verfügung. Die weiteren Gesellschafter – IHK Düsseldorf, WFMG Wirtschaftsförderung Mönchengladbach und der Rhein-Kreis Neuss – zahlten jeweils weitere 20.000 bis 50.000 Euro pro Jahr. Alle assoziierten Kooperationspartner wie beispielsweise Vodafone oder der Flughafen Düsseldorf zahlten ebenfalls bis zu 50.000 Euro pro Jahr zur Sicherung der Ko-Finanzierung. Darüber hinaus bestand die Möglichkeit einer Anschlussförderung des digihubs Düsseldorf/Rheinland zu den gleichen Bedingungen für weitere zwei Jahre, sofern im dritten Förderjahr der Hub mit Erfolg evaluiert wurde und darüber hinaus die nötigen Haushaltsmittel für die Förderung zur Verfügung standen. Hornik zufolge musste der digihub Düsseldorf/Rheinland wie die anderen DWNRW Hubs hierfür durch eine Zwischenevaluation gehen, einen Folgeantrag einreichen und vor einer Jury pitchen. Außerdem mussten sie jeden einzelnen Partner/jede einzelne Partnerin von ihrem Erfolg überzeugen, sodass sie weitere Fördersummen für den Anschlusszeitraum erhalten würden.

Die Mission und die angebotenen Services

Die Mission lautete: „Der digihub Düsseldorf/Rheinland ist Matchmaker und Accelerator für Mittelstand, Start-ups, Hochschulen und Konzerne zur Entwicklung neuer digitaler Geschäftsmodelle, Produkte und Lösungen."[7] Der Fokus lag dabei auf der digitalen Wirtschaft im Allgemeinen und wurde nicht auf bestimmte Branchen und digitale Technologiefelder ausgerichtet.

Diese Mission sollte erfüllt werden, indem der digihub Düsseldorf/Rheinland folgende Services anbot:
- „Zugang zum Start-up-Ökosystem, neuen Trends und frischen Köpfen,
- Austausch zu Best Practice im Bereich digitale Technologien und Transformation,
- Innovative Events zur Entwicklung neuer Digitalprodukte und Geschäftsmodelle,
- Förderung von Start-up-, Hochschul- und Companyteams."[8]

Diese Services wurden über verschiedene Bausteine des digihubs Düsseldorf/Rheinland umgesetzt: Events, das Ignition-Programm, welches frisch formierte Teams dabei unterstützte, ihre digitalen Innovationsprojekte voranzutreiben, und Corporate Services für Corporate-Innovation-Teams, zum Beispiel Acceleration-as-a-Service, Bootcamps und Corporate Innovation Challenges. Das Team des digihubs Düsseldorf/Rheinland bestand zu Beginn neben den Geschäftsführern aus vier weiteren Personen und zwei Werkstudenten, die sich um Arbeitsgebiete wie beispielsweise Marketing, Kommunikation, Events, Strategie und Programme kümmerten.

---

7 Digihub Düsseldorf Rheinland (o. J.), verfügbar unter https://digihub.de/.
8 Digihub Düsseldorf Rheinland (o. J.), verfügbar unter https://digihub.de/.

Wettbewerber des digihubs Düsseldorf/Rheinland

Im Rahmen der Initiative DWNRW wurden neben dem digihub Düsseldorf/Rheinland die Hubs in Aachen, Bonn, Köln, im Münsterland und im Ruhrgebiet ins Leben gerufen. Nach Hornik gab es in gewisser Weise unter den Hubs einen „gesunden Wettbewerb". Da sie alle sehr talentierte Hub-Kollegen/innen waren, forderten sie sich durch neue Ideen und Erfolge gegenseitig heraus. Genau das half den Hubs wie dem digihub Düsseldorf/Rheinland erheblich dabei, „die Spannung hochzuhalten, immer neue Dinge zu testen und nicht aufzuhören Gas zu geben und sich weiter zu entwickeln." (Hornik). Gleichzeitig betonte er, dass die DWNRW Hubs als Verbund agierten und ein „Miteinander" praktizierten. Deshalb standen die Hubs in engem Austausch und unterstützten sich gegenseitig beispielsweise bei Matches zwischen Start-ups und mittelständischen Unternehmen oder Corporates, die sich im jeweiligen „Gebiet" der anderen Hubs befanden. Diese Kombination aus Kooperation und Wettbewerb wurde auch beim ersten DWNRW Hub Battle, das alle Hubs gemeinsam veranstalteten, offensichtlich.

Nachdem der Wirtschaftsminister im Juli 2016 den Erhalt des Zuschlags als DWNRW Hub verkündet hatte, erfolgte die Gründung der Digital Innovation Hub Düsseldorf/Rheinland GmbH am 22. September 2016. Es stellte sich die Frage, wie die Ziele und Aufgabenstellung als DWNRW Hub am sinnvollsten umgesetzt werden konnten. Das Start-up-Ökosystem in Nordrhein-Westfalen sollte ausgebaut werden, um so gemeinschaftliche Investitionen in eine tragfähige Infra- und Finanzierungsstruktur für Start-ups der digitalen Wirtschaft anzuregen und Anlaufstellen für internationale Start-ups zu bieten.[9] Die konkrete Aufgabenstellung in Verbindung mit der Fördersumme enthielt die folgenden fünf Punkte:

Der digihub Düsseldorf/Rheinland sollte

– als Drehschreibe für die Organisation der Zusammenarbeit zwischen Start-ups, Industrie und Mittelstand fungieren,
– die Anlaufstelle für die handelnden Akteure der digitalen Wirtschaft in NRW sein,
– ein Ort für die Entwicklung von digitalen Prototypen und White-Label-Lösungen für Geschäftsmodelle im Netz von Start-ups, Mittelstand und Industrie sein,
– lokale Aktivitäten im Hinblick auf den örtlichen Aufbau von Kooperationen zwischen Start-ups, Mittelstand und Industrie für die digitale Wirtschaft und deren überregionale Vernetzung bzw. Zusammenarbeit unterstützen und

---

9 Vgl. Ministerium für Wirtschaft, Innovationen, Digitalisierung und Energie des Landes Nordrhein-Westfalen (o. J.), verfügbar unter https://www.wirtschaft.nrw/dwnrw-hubs.

- sowohl die Räumlichkeiten, das relevante Netzwerk und die inhaltliche, serviceorientierte und organisatorische Zusammenarbeit zwischen den handelnden Zielgruppen sicherstellen.[10]

Aufgrund dieser Aufgabenstellungen stand für den digihub Düsseldorf/Rheinland die folgende Frage im Vordergrund: Wie können wir die Fördermittel sinnvoll einsetzen, um Matchmaker für Start-ups, Mittelstand, Hochschulen und Konzerne zur Entwicklung neuer digitaler Geschäftsmodelle, Produkte und Lösungen zu werden und die Start-up-Landschaft in Düsseldorf nachhaltig wettbewerbsfähig zu machen?

Events und Accelerator

Um eine zielführende Lösung zu finden, wurden verschiedene Alternativen erwogen. Zur Debatte standen: Coworking Space, Events, Academy, Bootcamp, Ideenworkshops, Inkubator und Accelerator.

Die Gründung eines Coworking Space wäre eine offensichtliche und naheliegende Lösung gewesen, um die Förderbedingungen zu erfüllen. In einem Coworking Space lassen sich verschiedene Akteure auf einfache Art und Weise zusammenbringen, um das Netzwerken, den Austausch und die Zusammenarbeit zu fördern. Abgesehen von diesen Vorteilen galt es, auch die Nachteile zu berücksichtigen. Sollte ein nicht unerheblicher Teil des Budgets für die Investition in einen Coworking Space verwendet werden? Dem Team wurde nach einigen Beobachtungen und Analysen schnell bewusst, welche große Herausforderung es wäre, einen Coworking Space profitabel zu betreiben. Die ständige Aufgabe würde darin bestehen, genügend Mieter, das heißt Hub-Benutzer, zu akquirieren, um die Miete für den Hub und alle weiteren Fix- und variablen Kosten abzudecken. Zusätzlich müsste der Coworking Space sich als Eventfläche eignen, um durchgehend Events zu hosten. Darüber hinaus erfolgte eine Bestandsanalyse für den Coworking-Markt in Düsseldorf, die ergab, dass er bereits gesättigt war. Seit Ende 2016 bzw. Anfang 2017 gab es als Anbieter und Wettbewerber bereits den Factory Campus, das Gewächshaus und den Startplatz, die insgesamt ca. 15.000 Quadratmeter Coworking-Fläche boten. Deshalb fiel die Entscheidung gegen die Gründung eines eigenen Coworking Space und für die Einmietung in den bestehenden

---

10 Vgl. Ministerium für Wirtschaft, Energie, Industrie, Mittelstand und Handwerk des Landes Nordrhein-Westfalen (o. J.), verfügbar unter https://www.ptj.de/lw_resource/datapool/ systemfiles/cbox/2926/live/lw_bekdoc/web_nrwbroschre_hubs.pdf.

Coworking Space des Startplatzes in Düsseldorf. Der Standort im Medienhafen profitierte von der Nähe zu anderen Start-ups und Unternehmen wie trivago, sipgate und CUMULOCITY.

Baustein 1: Events

Da das explizite Ziel der DWNRW Hubs die Vernetzung und Kooperation zwischen Start-ups, Mittelstands- und Industrieunternehmen in der digitalen Wirtschaft war, legte das digihub-Team den Baustein „Events" recht bald fest. Bei den Events wurden die verschiedenen Akteure zusammengebracht, um den Start-ups die Möglichkeit zu bieten, in Kontakt zu wichtigen Entscheidern wie Investoren und Corporates zu treten, transparent zu erscheinen, ihre Produkte und Services bekannt zu machen, Pilotprojekte abzuschließen und Finanzierungen zu erhalten. Darüber hinaus boten die Events den etablierten Unternehmen die Möglichkeit für Reverse Pitches. Denn diese erhielten nicht mehr automatisch die besten Hochschulabsolventen/innen eines Jahrgangs oder die innovativsten Kooperationspartner/innen. Um das Angebot so vielfältig wie möglich zu gestalten, wurden sowohl Events in kleinem Rahmen wie beispielsweise das monatliche Gründerfrühstück als auch große Events mit bis zu 2.500 Besuchern, beispielsweise am „Demo Day", angeboten. Dabei war die Wahl der Location für die Events von besonderer Bedeutung, um eine entspannte, zielführende Atmosphäre schaffen zu können. Deshalb setzte der digihub Düsseldorf/Rheinland statt auf übliche Locations wie Kongresszentren oder Hotels eher auf außergewöhnliche Orte wie alte Industrieareale. Nach vier Wochen wurden die ersten Events veranstaltet, und im Jahr 2018 war der digihub Düsseldorf/Rheinland mit Events wie „Hackathons", „Summits", „NRW Hub Battles", „Innovation Nights", „Bar Camps" und „Demo Days" nach eigener Aussage regelrecht zu einer „Eventmaschine" (Hornik) geworden.

Baustein 2: Ignition – der digihub Accelerator

Obwohl der Baustein „Events" erfolgreich war, bedurfte es weiterer Angebote, um die digitale Wirtschaft in Düsseldorf und Umgebung weiterhin zu fördern. Das Team zog Alternativen in Erwägung, zum Beispiel Bootcamps, Ideen-Workshops und eine Academy. Allerdings hatten diese Ideen einen entscheidenden Nachteil: Es waren alles relativ kleine Bausteine, welche zu wenig Output generieren würden. Deshalb fiel im März 2017 die Entscheidung, ein Accelerator-Programm zu starten. Zu diesem Zeitpunkt war nur der Corporate Accelerator :agile von E:ON sowie der STARTPLATZ Accelerator auf dem Markt in Düsseldorf und Umgebung tätig. Es gab noch kein Non-Corporate-Accelerator-Programm, welches die Besonderheiten anbot, die sich das digihub-Team vorstellte: Leistungen bis zu einer Höhe von 25.000 Euro, intensives Mentoring und Coaching, eine On-Boarding-Woche, ein Platz in dem Coworking-Space-Startplatz, ein Fokus auf die digitale Wirtschaft und Offenheit gegenüber Start-ups, Wissenschaftsteams und Companyteams. Die Start-ups sollten für die Teilnahme am digihub Accelerator keine Eigenkapitalanteile abgeben wie bei anderen Accelerators, die zwischen 8 bis 10 Prozent verlangen. Hornik war der Auffassung, dass „gute Gründer/innen, gerade Seriengründer/innen, wissen, dass man in dieser frühen Phase seine Anteile besser nicht abgeben sollte und meiden solche Programme dann einfach". Da der digihub Accelerator die besten Start-ups finden und unterstützen wollte, bot der digihub Düsseldorf/Rheinland das Programm ohne Gegenleistungen in Form von Eigenkapitalanteilen an. Der digihub Düsseldorf/Rheinland setzt mit seinem Accelerator-Programm Ignition ein intensives Programm um, welches explizit über einen Coworking Space hinausgeht und den geförderten Start-ups drei bis sechs Monate intensives Coaching und Mentoring sowie die Chance auf eine Anschlussfinanzierung nach dem „Demo Day" zur Verfügung stellt.

Ignition bot zunächst fünf Plätze für Start-ups, die weniger als ein Jahr alt waren. Die zeitliche Begrenzung bezweckte, dass die Start-ups so früh wie möglich mit der benötigten Expertise und der Unterstützung versorgt wurden. Außerdem sollten sie so früh wie möglich auf ein Anschlussinvestment vorbereitet werden. Denn, so Hornik, ein Technologie-Start-up braucht bis zum Erfolg viele Finanzierungsrunden: „Am Ende des Tages geht es bei Technologieunternehmen immer darum, die nächste Finanzierungsrunde zu sichern. [...] Und bis Technologieunternehmen wirklich erfolgreich sind nach sieben, acht oder zehn Jahren – das ist immer so ein großer Trugschluss, dass nach zwei Jahren schon der große Erfolg eintreten würde – dann hast du in der Regel auch bereits sechs bis zehn Finanzierungsrunden hinter dir. Und wir wollen Sie an die Stelle bringen, sodass sie ihre erste vernünftige Finanzierungsrunde, die nächsten 100.000 Euro bis 400.000 Euro einsammeln können. Das ist unser Anspruch, den wir mit einer sehr großen Ernsthaftigkeit verfolgen." Außerdem lag die besondere Expertise von Hornik und Gaida in ihren umfangreichen Erfahrungen in der Early-Stage-Phase, weswegen sie die Start-ups bestmöglich unterstützen konnten. Hornik hatte bereits selbst in der Vergangenheit in ein Duzend Start-ups investiert und über 60 Start-ups persönlich begleitet und unterstützt.

Die „Batch #1", das heißt die erste geförderte Kohorte von fünf Start-ups, wurde im Mai 2017 ausgeschrieben, die Auswahl erfolgte im Juni 2017 und die Förderung begann im Juli 2017. Zunächst bestand das Accelerator-Programm aus drei Monaten Förderung bis zum „Demo Day" und drei weiteren Monaten Förderung für das beste Projektteam. Dabei wurden die folgenden Services im Wert von 25.000 Euro angeboten:

- Büroplatz im Coworking-Space-Startplatz,
- Entwicklung des Prototyps bzw. des MVP (Minimal Viable Product),
- Coaching, Mentoring, maßgeschneiderte Workshops und Seminare,
- Vernetzung mit Investoren und Business Angels,
- digihub-PR und regionales Netzwerk,
- freier Eintritt für Messen, Branchenevents und digihub-Formaten.

Der digihub Düsseldorf/Rheinland achtete bei der Planung des Ignition-Programms speziell darauf, sich von Wettbewerbern abzuheben und für die Start-ups einen besonderen Mehrwert zu schaffen. Deshalb entwickelten sie folgende spezifische Merkmale:

1. Neben „Standard"-Angeboten wie Coaching, Mentoring und Coworking Space unterstützte das Ignition-Programm die Teams, indem sie das erste MVP oder den Prototyp finanzierten. Dabei bezahlte der digihub Düsseldorf/Rheinland für Entwickler oder Spezialisten, die den ersten Hardware-Prototyp erstellten. Dieser Service allein schaffte einen großen Mehrwert für die Start-up-Teams, da ihnen häufig das spezifische Know-how oder die finanziellen Mittel für die Entwicklung des Prototyps fehlten.
2. Die Teams erhielten Unterstützung bei Verhandlungen mit Dienstleistern.
3. Außerdem wurde das Programm „verschult", sodass die Teams einen Anreiz erhielten, stetig „am Ball zu bleiben"; alle Teams mussten an mindesten drei Tagen pro Woche im Coworking Space vor Ort sein, an der obligatorischen On-Boarding-Woche und den Mentoring Sessions, die alle zwei Wochen stattfanden, teilnehmen. Durch diese Mechanismen stellte der digihub Düsseldorf/Rheinland sicher, dass die Start-ups während der gesamten Programmlaufzeit nicht den Fokus verloren.
4. Die Onboarding-Woche und die Mentoring Sessions betreuten dieselben Trainer, um Stetigkeit und eine enge Zusammenarbeit zu gewährleisten.
5. In den Mentoring Sessions kamen alle Teams aus der Batch zusammen, berichteten über ihre aktuellen Fortschritte und erhielten „Hausaufgaben" für die folgenden zwei Wochen; hier profitierten die Teams enorm vom Feedback ihrer „Klassenkameraden", wuchsen als „Klasse" eng zusammen und unterstützten sich gegenseitig bei ihren Herausforderungen.
6. Das Ignition-Programm machte die Teams bereit für ihr erstes Investment und stellte Kontakte zu potenziellen Investoren her. Da sowohl Hornik als auch Gaida selbst Angel-Investoren waren, wussten sie, worauf es bei einem Investment ankommt und konnten die Start-ups so optimal trainieren.

Bei der ursprünglichen Implementierung des Ignition-Programms und der anschließenden Durchführung blieb es jedoch nicht. Mit der „Batch #1" hatte der digihub Düsseldorf/Rheinland eine Erkenntnis gewonnen: Es stellte sich heraus, dass drei Monate Förderung insbesondere für Erstgründer/innen nicht ausreichten. Sie mussten in den ersten zwei bis zweieinhalb Monaten intensiv vom digihub Düsseldorf/Rheinland geführt werden. In dieser Zeit erhielten sie das unternehmerische Rüstzeug. Außerdem musste über Markforschung herausgefunden werden, ob die angebotene Lösung bei den Kunden/innen auf Resonanz stieß. In der Regel nahmen diese Aktivitäten bereits drei Monate in Anspruch, sodass nicht genug Zeit blieb, um einen Prototyp zu entwickeln und die Start-ups auf die Anschlussfinanzierung vorzubereiten. Um vernünftige Ergebnisse zu erreichen, musste deshalb eine Lösung gefunden werden, die den Start-ups mehr Zeit verschaffte. So entschied der digihub Düsseldorf/Rheinland: Die ersten drei Monate der Förderung wurden auf fünf Monate erhöht. Anschließend fand ein großer „Demo Day" mit einer Teilnehmeranzahl von 100 bis 170 Personen statt, an welchem jedes Team seine Idee pitchte. Das beste Team erhielt weitere 25.000 Euro und nochmals eine Förderung von fünf Monaten. Diese Lösung wurde direkt bei der „Batch #2" angewendet.

Die Geschäftsführer des digihubs Düsseldorf/Rheinland legten großen Wert auf diese Art des konstanten Lernprozesses. Regelmäßig wurden Ideen und Prozesse entwickelt, hinterfragt und verbessert, um die Gründer/innen bestmöglich zu unterstützen: „Das machen wir heute immer noch. Hinsichtlich des Ignition-Programms hinterfragen wir: Ist es gut? Fehlt noch etwas? Wo können wir noch etwas besser machen? Das ist, glaube ich, ein niemals endender Prozess." (Hornik)

Auswirkungen auf die Gründungsszene in Düsseldorf

Durch die Gründung des digihubs Düsseldorf/Rheinland und des Ignition-Programms stand den Start-ups in Düsseldorf und im Rheinland die Möglichkeit ein Accelerator-Programm zur Verfügung und die Teilnahme an vielen Events im Bereich der digitalen Wirtschaft. 2018 gingen in jeder Batch ca. 30 bis 60 Bewerbungen von neuen Teams mit ihren Start-up-Ideen ein, die sowohl aus Düsseldorf wie auch aus der Region, zum Beispiel von der RWTH Aachen, Universitäten aus dem Ruhrgebiet und Gründer/innen aus dem Bergischen Land kamen. „Offensichtlich haben junge Start-ups eine Anlaufstelle gefunden, wo sie sich wirklich so etwas wie einen Boost erhoffen." (Hornik) Der Erfolg war für den digihub Düsseldorf/Rheinland quantitativ anhand einer stetig steigenden Anzahl von Bewerbungen und qualitativ messbar. Unter den Bewerbungen befanden sich kaum wiederkehrende. Stattdessen waren jedes Mal innovative, zukunftsträchtige neue Ideen darunter.

Darüber hinaus war der digihub Düsseldorf/Rheinland im Bereich der Schnittstelle zwischen Mittelstand, Corporates, Universitäten und Start-ups erfolgreich. Neben bereits erfolgten 12.546 Matches zwischen Start-ups, Unternehmen und Investoren zogen Teams aus mittelständischen Unternehmen, Corporates und der Heinrich-Heine-Universität Düsseldorf in das Ignition-Programm ein. Es unterstützte beispielsweise ein Start-up des mittelständischen Unternehmens ABC-Logistik aus Düsseldorf. Nachdem es einen Ignition-Platz bei der Smart-City-Veranstaltung 2017 gewonnen hatte und sein Team in den Startplatz gezogen war, wurde die Incharge GmbH ins Leben gerufen. Auch Vodafone, einer der Partner des digihubs Düsseldorf/Rheinland, schickte bereits ein Innovationsteam in das Ignition-Programm. Darüber hinaus gewann das Start-up innoMMT von der Heinrich-Heine-Universität Düsseldorf zunächst den zweiten Platz beim hauseigenen Ideenwettbewerb. Im Anschluss erhielt es das Gründerstipendium der Gesellschaft von Freunden und Förderern der Heinrich-Heine-Universität Düsseldorf und zog dann in das Ignition-Programm des digihubs ein. Diese Beispiele zeigen die Vernetzung verschiedener Akteure – digihub Düsseldorf/Rheinland, Heinrich-Heine-Universität Düsseldorf und Unternehmen – in der Düsseldorfer Start-up-Szene.

Zudem lässt sich die Entwicklung des digihubs Düsseldorf/Rheinland auch anhand von Zahlen darstellen. Bis Ende 2018 wurden fünf Runden des Ignition-Programms[11] mit insgesamt 28 Start-up-Teams durchgeführt. An den Events, welche der digihub Düsseldorf/Rheinland veranstaltete, nahmen bis 2018 über 15.468 Gründer/innen teil. Außerdem entstanden 30 neue Digitalprojekte, zum Beispiel durch Events wie Hackathons, bei welchen sich Teams bildeten, um gemeinsam an neuen Digitalprojekten zu arbeiten. Zudem lieferte der digihub Düsseldorf/Rheinland 83 Beiträge zu verschiedenen Veranstaltungen und zählte 45 Kooperationspartner wie beispielsweise das IOX Lab oder Vodafone.

Die Entwicklung der Ignition-Teams war ein weiterer Indikator für den Erfolg des digihubs Düsseldorf/Rheinland. Da die Teams lediglich mit einer Idee starteten, war der erste Erfolg, dass sie nach dem Programm bereit für den Markteintritt und die erste externe Finanzierungsrunde waren. Eins der Ignition-Teams sagte dazu: „Zum einen wurden wir mit 25.000 Euro unterstützt. Mit dem Geld konnten wir unter anderem unseren Konfigurator-Prototyp entwickeln. Außerdem gab es auch einige sehr wertvolle Gruppenworkshops, aus denen wir sehr viel lernen konnten. Am wichtigsten ist jedoch das tolle Netzwerk, das wir aufbauen konnten. Wir haben zu vielen ein sehr freundschaftliches Verhältnis, was sicherlich nicht immer üblich ist." Auch Lena Ehrenpreis von innoMMT berichtete über Erfolge

---

11 Batch 1: Juli 2017 bis Oktober 2017; Batch 2: Oktober 2017 bis März 2018; Batch 3: März 2018 bis Juli 2018; Batch 4: Juli 2018 bis November 2018; Batch 5: Oktober 2018 bis März 2019.

im Ignition-Programm: „Es ist Wahnsinn, was man alles in sechs Monaten schaffen kann, wenn man über seinen Schatten springt. Wir haben unsere komplette Markteintrittsstrategie geändert, um schneller eine größere Community zu erreichen und unser Produkt so mit größerer Statistik zu testen." Das Start-up GREEN FOR ME, welches sich nach der ersten Ignition-Förderung eine zweite Runde sicherte, erklärte: „Wir konnten insbesondere vom Netzwerk profitieren, dass der digihub uns auf jegliche Events mitgenommen und eingebunden hat. Das NRW Hub-Battle hat viel PR mit sich gebracht, der WDR hat einen Beitrag über uns gedreht, dadurch haben wir viele Tester für unser Produkt gefunden."

Kurz und bündig

Der digihub Düsseldorf/Rheinland, der als einer der sechs DWNRW Hubs Teil der Initiative „Digitale Wirtschaft NRW" war, hatte sich zum Ziel gesetzt, Düsseldorf und die Region im Bereich digitale Wirtschaft zu stärken. Das Land Nordrhein-Westfalen hatte hierfür ein besonderes Alleinstellungsmerkmal aufgrund der zahlreichen Global Player der Industrie sowie der international erfolgreichen „Hidden Champions" des Mittelstands vorgesehen. Gleichzeitig spielten jedoch vor allem junge, innovative Start-ups eine wichtige Rolle für den digitalen Wandel in Deutschland. Insbesondere diese Unternehmen hatten einen verstärkten Förder- und Beratungsbedarf.

Um dies zu bewerkstelligen und die Fördermittel des Landes für den DWNRW Hub digihub Düsseldorf/Rheinland sinnstiftend zu investieren, wurden verschiedene Möglichkeiten mit ihren Vor- und Nachteilen erwogen. Da das Angebot an Coworking Spaces in Düsseldorf zum Zeitpunkt der Gründung des digihubs Düsseldorf/Rheinland 2016 bereits gesättigt war, schied diese Alternative aus. Auch Ideen wie beispielsweise Bootcamps, Ideenworkshops oder eine Academy hätten zu wenig Output generiert.

Den größten Einfluss konnte der digihub Düsseldorf/Rheinland mit den beiden Bausteinen „Events" und „Ignition" – dem Accelerator des Hubs – erzielen. Die Events stellten dabei eine Lösung dar, um verschiedene Akteure, zum Beispiel Start-ups, Corporates, mittelständische Unternehmen und Wissenschaftler/innen, zusammenzubringen und Kooperationen zu vermitteln. Das Ignition-Programm spezialisierte sich auf die Unterstützung von digitalen Start-ups anhand einer finanziellen Unterstützung, einem Platz im Coworking Space, intensivem Coaching und Mentoring, einer Möglichkeit, einen Prototyp zu entwickeln, sowie die Chance auf eine Anschlussfinanzierung nach dem „Demo Day". Mit diesen beiden Bausteinen wurde der digihub Düsseldorf/Rheinland zu einem erfolgreichen Treiber der Düsseldorfer Gründungsszene.

Carina Hoffmann

4 Fashionette GmbH – Demokratisierung von Luxus

Heute ist die Fashionette GmbH ein erfolgreicher Online-Händler, der sich auf den Verkauf von Taschen, Schuhen und Kleinlederwaren spezialisiert hat. Seit 2013 schreibt das in Düsseldorf ansässige Unternehmen schwarze Zahlen und beschäftigt mittlerweile über 140 Mitarbeiter.

Doch der Weg von der Gründung im Jahre 2008 bis zum heutigen Erfolg war ein langer, geprägt von wichtigen Entscheidungen, die das Gründerteam treffen mussten, um das Wachstum des Unternehmens voranzutreiben. Dabei haben die Gründer viel gelernt, unter anderem, dass nicht immer alles nach Plan verläuft und Strategien auch mal angepasst oder geändert werden müssen. Dies erfuhr das Team gleich zu Beginn des Eintritts in den deutschen Markt, als sich das ursprüngliche Geschäftsmodell als nicht profitabel erwies und zu scheitern drohte. Sobald den Gründern dies klar wurde, entwickelten sie einen alternativen Plan. Ähnlich gingen sie in der weiteren Geschäftsentwicklung vor, so im Zuge der Internationalisierung. Dabei wurde auf Basis erster Marktergebnisse der einzelnen Länder über den weiteren strategischen Verlauf entschieden.

Eine Idee im Wandel

Mit dem Ziel einer erfolgreichen Gründung der Fashionette GmbH war ein strukturierter Ideenfindungsprozess verbunden. Nach eigens entwickelten Kreativitätsmethoden trafen sich Dr. Sebastian Siebert, Ronald Reschke, Dr. Fabio Labriola und später auch dessen Frau Yulia Labriola zunächst zum Brainstorming am Wochenende, damals noch in München. Es entstanden insgesamt 150 Geschäftsideen, die das Team auf fünf wirtschaftlich realistische Ideen reduzierte.

Mit diesen fünf ausgearbeiteten Ideen im Gepäck machte das Team Gebrauch vom eigenen Netzwerk und holte sich Feedback von bekannten Business Angels (privaten Investoren) ein. Nach dem Prinzip des „Market Sounding" prüfte das Gründerteam, welche der ausgewählten Ideen am meisten Anklang bei den Privatinvestoren fanden. Es stellte sich innerhalb kurzer Zeit schnell heraus, dass für die Idee der „Fashion Rental" das größte Interesse bestand.

Die Idee bestand darin, die Nutzung von Designertaschen aus dem internationalen Luxussegment jedermann zu ermöglichen, indem das Unternehmen einen

https://doi.org/10.1515/9783110663839-004

Verleih von Luxustaschen anbietet. Zu diesem Zeitpunkt gab es kein vergleichbares Geschäftsmodell auf dem Markt. Luxusartikel wie Designertaschen waren somit einem wohlhabenden Klientel vorbehalten. Mit der Option des Verleihs ermöglichten die Gründer nun auch Personen mit geringeren finanziellen Mitteln, in den Genuss des Statusobjekts „Luxustasche" zu kommen.

Investoren zur Finanzierung des Unternehmensaufbaus („Seedphase") waren schnell gefunden. Um Frauen deutschlandweit erreichen zu können und mit den Entwicklungen des Handels zu gehen, stellte sich die Fashionette GmbH als reines E-Commerce Unternehmen auf.

Der Markteintritt erfolgte Anfang 2009. Zu diesem Zeitpunkt bestand ein ausgeprägter Wettbewerb zu anderen Anbietern von Designertaschen. Die Verleihoption stellte jedoch ein Alleinstellungsmerkmal der Fashionette GmbH dar. Der Vorteil des Verleihs war es, dass ein Nischenmarkt bedient und Fashionette so eine größere Zielgruppe als seine Wettbewerber ansprechen konnte. Die Verleihoption wurde zwar Anfang 2010 durch den Ratenkauf ersetzt, trotzdem bot das angepasste Geschäftsmodell weiterhin die Möglichkeit, eine breitere Zielgruppe als die Konkurrenz zu erreichen.

Ein weiteres Alleinstellungsmerkmal der Fashionette GmbH war und ist die Spezialisierung. Die Gründer verfolgten von Anfang an das Ziel, sich als Anbieter für Handtaschen von renommierten Labels wie Gucci, Prada, Michael Kors, Chloé oder DKNY zu etablieren, um sich so ein Image als Experte für qualitativ hochwertige Taschen sowie aufstrebende Talente unter den Designern zuzulegen. Anders als Zalando wird die Fashionette GmbH daher heute in erster Linie mit Designertaschen assoziiert.

Aufgrund der Spezialisierung konnte sich die Fashionette GmbH als Anbieter etablieren, welcher für Luxus und Qualität steht, und als treuer, stilsicherer Begleiter für Frauen mit einer ausgeprägten Liebe zur Handtasche. Durch die stringente Spezialisierung hat das Unternehmen einen großen Bestand an Designtaschen und mittlerweile auch Accessoires und Schuhen bekannter Hersteller aufgebaut. Anders als nicht-spezialisierte Online-Händler, kann die Fashionette GmbH seinen Kunden nahezu das gesamte Produktsortiment exklusiver Designermarken bieten.

Wechselvolle Geschichte

Zum Zeitpunkt der Gründung verfügte das Team über fundierte Kenntnisse, da nahezu alle Mitglieder einen betriebswirtschaftlichen Hintergrund haben. Sebastian Siebert verfügte als Einziger sogar über erste Gründungserfahrungen. Bereits während seines Studiums hatte er das Lebensmittelunternehmen „Käfer" gegründet. Ronald Reschke und Dr. Fabio Labriola arbeiteten zuvor einige Jahre in der Unternehmensberatung, wohingegen Yulia Labriola als Diplomingenieurin direkt nach der Universität bei Fashionette einstieg.

Um als E-Commerce Unternehmen die Fachkenntnisse des Teams entsprechend zu erweitern, stellten die Gründer als ersten Mitarbeiter einen IT-Spezialisten als Programmierer ein. Dieser war für die Website verantwortlich, sodass im Februar 2009 die Fashionette GmbH zunächst als Verleihunternehmen von Designerhandtaschen online gehen konnte. Anfang 2010 wurde das Unternehmen zum reinen Handelsunternehmen und bietet seitdem neben dem üblichen Sofortkauf von Taschen die Möglichkeit des Ratenkaufs an, welcher die Option des Verleihs ablöste. Der Ratenkauf fand großen Anklang bei den Kunden/innen und seitdem wuchs das Unternehmen beständig.

Ende 2010 erhielt die Fashionette GmbH ihre erste institutionelle Finanzunterstützung durch die NRW-Bank. Das Förderprogramm war mit der Bedingung verbunden, den Unternehmensstandort nach Nordrhein-Westfalen zu verlegen. Zu diesem Zeitpunkt lebten die Gründer in unterschiedlichen Städten, weswegen ihr Büro im für alle gut erreichbaren Frankfurt am Main lag.

Im Zuge der Standortänderung entschied sich das Team dann für Düsseldorf. Der große Modebezug der Stadt und die damit einhergehende Nähe zu Modelieferanten und Modehochschulen sollte sich als großer Vorteil erweisen. Dr. Fabio Labriola hält dazu fest: „Wir haben hier bestimmt 50 Prozent unserer Einkaufstermine, weil fast alle Modemarken hier in Düsseldorf eine Dependance haben. Zudem, durch die ganzen FHs und Unis im Modebereich, haben wir wirklich auf sehr viele Stellen immer super Bewerbungen."

Die Unternehmensentwicklung verlief mit der Standortverlegung nach Düsseldorf positiv, jedoch erkannten die Gründer mit der Zeit, dass die Marke Fashionette durch eine reine Online-Präsenz und die Fokussierung auf Online-Marketing Kanäle, wie Preissuchmaschinen oder Search Engine Advertising (SEA), nicht die Bekanntheit erlangen würde, welche die Gründer anstrebten. Im Zuge der Stärkung der Marke „Fashionette" entschied sich das Team Anfang 2012 dazu, aus dem reinen Online-Marketing auszusteigen und zusätzlich Offline-Werbung in Form von TV und Print zu schalten. Dies erwies sich als großer Erfolg, sodass Offline-Werbung seitdem einen wichtigen Bestandteil des Marketing-Budgets einnimmt.

Im Jahr 2015 fand ein Wechsel der Mehrheitseigentümer statt. Nachdem die Gründer unter anderem mithilfe der finanziellen Unterstützung durch die NRW-Bank das Unternehmen in der Textilbranche etabliert hatten, verfolgten sie das Ziel mit dem neuen Mehrheitseigentümer, der Hamburger Beteiligungsgesellschaft Genui Partners, das Wachstum des Unternehmens voranzutreiben. Mit dem Eigentümerwechsel gewann die Fashionette GmbH den erfolgreichen, erfahrenen Gründer und Inhaber von Fressnapf, Torsten Toeller, als Portfoliomanager und Beiratsvorsitzenden. Seitdem ist dieser einen wichtiger Ansprechpartner für das Gründerteam und steht als Coach bei strategischen Fragen mit Rat und Tat zur Seite. So zum Beispiel im Zuge der Internationalisierung der Fashionette GmbH. Um das Wachstum des Unternehmens weiter voranzutreiben, war es für die Gründer klar, dass Fashionette sich auch in internationalen Märkten etablieren soll. Bei der Erstellung des Internationalisierungsplans konnte das Team auf die Erfahrungen und Ratschläge von Torsten Toeller zurückgreifen und in der Planung berücksichtigen. Heute ist das Unternehmen in den europäischen Ländern – Österreich, der Schweiz, Italien, Frankreich, Schweden, UK und Holland – erfolgreich unterwegs.

Neben der Internationalisierung verfolgten die Gründer als weitere Wachstumsstrategie, das Produktsortiment zu erweitern. Bei der Auswahl der Produkte folgten sie weiterhin ihrer Unternehmensphilosophie, nämlich Luxus und Status zu verkaufen. So entschied sich das Team dafür, Schuhe in das Sortiment aufzunehmen. Dr. Fabio Labriola erläutert das so: „Sowohl bei Taschen als auch bei Schuhen erkennt man bei den großen Marken schon aus hundert Meter Entfernung, zu welcher Marke das gehört. Also sprich, Schuhe sind genauso wie Taschen ein Statussymbol, über das man sich identifizieren kann oder auch zu einer gewissen Gruppe zugehörig fühlen kann."

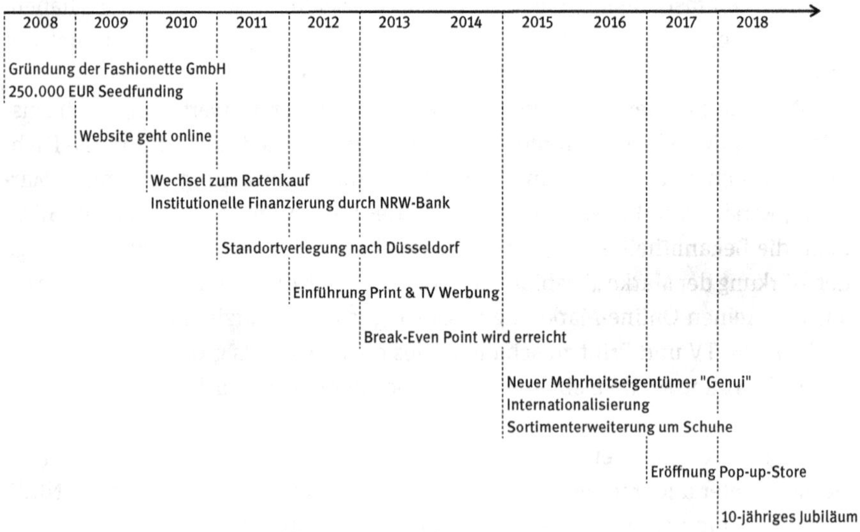

2008	2009	2010	2011	2012	2013	2014	2015	2016	2017	2018

Gründung der Fashionette GmbH
250.000 EUR Seedfunding

Website geht online

Wechsel zum Ratenkauf
Institutionelle Finanzierung durch NRW-Bank

Standortverlegung nach Düsseldorf

Einführung Print & TV Werbung

Break-Even Point wird erreicht

Neuer Mehrheitseigentümer "Genui"
Internationalisierung
Sortimenterweiterung um Schuhe

Eröffnung Pop-up-Store

10-jähriges Jubiläum

Abb. 4.1: Wichtige Meilensteine der Fashionette GmbH im Zeitverlauf (eigene Darstellung)

Heute nehmen Schuhe die zweitwichtigste Produktkategorie der Fashionette GmbH ein, Taschen liegen nach wie vor auf Platz eins. Mittlerweile ist das Unternehmen auf dem deutschen wie auf dem europäischen Markt fest etabliert. Der Umsatz lag 2017 bei 60 Millionen Euro netto (nach Retouren), das EBITA bei 3,5 Millionen Euro (Abb. 4.1).

Learning by Doing

Im Laufe der Unternehmensentwicklung ist Dr. Fabio Labriola und den restlichen Gründern der Fashionette GmbH eines klar geworden: Es läuft nicht immer alles nach Plan. Das Wichtigste, um auf unplanmäßige Ereignisse zu reagieren, ist es, flexibel zu bleiben. Diese Erkenntnis war wichtig für die erfolgreiche Entwicklung des Unternehmens und dessen Wachstum. „Viele Gründer machen den Fehler – da haben wir sicherlich auch dazugehört –, dass sie dann im Vorfeld wahnsinnig viel Zeit in Planungsmodelle reinstecken und richtig sophisticated in Excel was bauen, statt einfach mal loszulegen und Erfahrung zu sammeln. Weil am Ende sind es halt alles Annahmen, die man trifft, und die Realität sieht häufig ganz anders aus, und sobald dann eine Annahme von der Realität über den Haufen geworfen wird, bricht häufig so ein gesamtes Modell komplett in sich zusammen. Und deswegen, das wäre auch die Empfehlung, die ich jedem Gründer gebe: Natürlich, macht eine Planung, ansonsten kriegt ihr auch keine Investorengelder, aber steckt nicht zu viel Zeit rein am Anfang, weil es kommt eh immer ganz anders, als man denkt."

Diese Flexibilität mussten die Gründer gleich zu Beginn lernen, denn nachdem die Website der Fashionette GmbH online gegangen war, zeigte die geplante Verleihoption nicht die erhofften Ergebnisse und erwies sich sogar als nachteilig für das Unternehmen. So kehrten die Taschen zum einen oft in schlechtem Zustand zurück und waren für den weiteren Verleih nicht mehr geeignet, zum anderen standen die Akquisitionskosten der Kunden/innen in einem schlechten Verhältnis zum eigentlichen Kundenwert.

In der Akquise von Neukunden setzte das Unternehmen zu Beginn auf Marketingkanäle wie Google. Jedoch nutzen viele Kunden/innen den Verleih nur einmalig, sodass sich die Ausgaben nicht rentierten und das Unternehmen so unmöglich in naher Zukunft rentabel und erfolgreich werden konnte.

Die Verleihoption, die das gesamte Geschäftsmodell ausmachte und als Alleinstellungsmerkmal des Unternehmens sämtliche erfahrenen Investoren überzeugte, funktionierte nicht. Was sollten die Gründer nun tun?

Mit Blick auf die Lage erkannten sie, dass sie nicht an dem Verleih festhalten konnten, sondern eine Lösung finden mussten. Dr. Fabio Labriola dazu:

„[...] dann mussten wir relativ schnell das Geschäftsmodell stark anpassen und haben in der Phase sehr viel experimentiert mit Produktkategorien, aber auch mit Zahlarten." Das Geld, welches die Gründer für die Unternehmensgründung von den Privatinvestoren erhalten hatten, drohte auszugehen. Zu diesem Zeitpunkt betrugen die monatlichen Investitionen zwischen 50.000 und 60.000 Euro. Sollte die Fashionette GmbH keinen Erfolg erzielen, hätte dies eine negative Auswirkung auf eine Folgefinanzierung gehabt und ggf. das Scheitern bedeutet.

Schließlich führten die Gründer zunächst die Option des Mietkaufs ein, die es den Kunden/innen erlaubte, Designertaschen wie zuvor bei der Verleihoption für einen bestimmten Zeitraum zu mieten. Zum Mietende jedoch erhielten die Kunden/innen nun die Möglichkeit, die Tasche zurückzugeben oder zu kaufen.

Die Einführung des Mietkaufs wirkte sich zwar positiv auf das Wachstum des Unternehmens aus, jedoch war auch dieser Lösungsansatz mit dem Nachteil verbunden, relativ lange auf einen Umsatz zu warten. Somit war klar: Mit dem Mietkauf kamen die Gründer ebenfalls nicht an ihr Ziel.

Das Gründerteam kam daher schnell auf die Idee Forderungen zu „verfactorn". Beim sogenannten Factoring handelt es sich um eine Finanzierungsform, bei der Forderungen an Dritte, zumeist Banken, verkauft werden. Der große Vorteil für den Verkäufer besteht darin, dass der Verkauf von Forderungen dessen Eigenkapital und damit die Liquidität unmittelbar steigert. Das Factoring hätte es den Gründern ermöglicht, schnell Umsätze zu generieren und das Unternehmen so profitabel zu entwickeln. Die Banken jedoch erkannten den Mietkauf nicht als Kaufvertrag an, da der Mietkauf keine geltende Forderung darstellte. Dr. Fabio Labriola erklärt: „[...] der Kunde hätte ja jederzeit das Produkt zurückgeben können. Das haben auch viele gemacht. Und der Mietkauf war nicht verfactorbar."

Diese Sachlage stellte die Gründer vor eine weitere schwierige Entscheidung. Zum einen bestand die Option, den Mietkauf von Taschen beizubehalten und den Kunden/innen so weiterhin eine Wahlmöglichkeit zu bieten. Dann wäre das Unternehmen erst sehr spät rentabel und somit weiterhin auf Gelder von Investoren angewiesen gewesen. Diese zu gewinnen wäre aufgrund der mageren Unternehmensergebnisse schwer gewesen. Zum anderen bestand die Option, den Mietkauf nicht mehr anzubieten und komplett in ein Kaufmodell zu wechseln. Dann wäre der Verkauf von Forderungen möglich und damit stiege die Liquidität des Unternehmens erheblich. Allerdings bestand das Risiko, die Kunden aufgrund der dann fehlenden Wahlmöglichkeit zu verlieren.

Getrieben von der Notwendigkeit, schnell zu handeln, und dem Ziel, profitabel zu werden, entschied das Gründerteam, den Mietkauf komplett durch eine Kaufoption zu ersetzen. Um trotzdem eine breite Zielgruppe ansprechen zu können, führten die Gründer den Ratenkauf ein. Dieser ermöglicht es den Kunden/innen, den Kaufbetrag für eine Tasche in Raten über einen längeren Zeitraum zu tilgen, sodass die Vorzüge von Designertaschen weiterhin einer breiten Masse ermöglicht werden konnte. Damit war es der Fashionette GmbH möglich, weiterhin einen Nischenmarkt zu bedienen und sich so von der Konkurrenz abzuheben.

Der Vorteil des Ratenkaufs bestand für das Unternehmen darin, dass es sich um einen Kaufvertrag handelte und somit als geltende Forderung an Banken verkauft werden konnte. Dr. Fabio Labriola dazu: „[...] das war für uns als sehr kleines Start-up damals extrem wichtig, dass wenn wir jetzt einer Frau eine Prada-Tasche über 2.000 Euro im Ratenkauf bereitstellen, nicht zwölf Monate warten, bis wir dieses Geld bekommen, sondern dass uns eine Bank direkt in der Sekunde, wo die Frau den Ratenkauf tätigt, das Geld überweist, abzüglich natürlich einer gewissen Provision, dass diese Bank auch daran verdient."

Beim Ratenkauf jedoch besteht die Gefahr, dass Kunden/innen die finanzielle Belastung nicht tragen können und es daher zu Zahlungsausfällen kommt. Um dieses Risiko einzudämmen, führten die Gründer zusammen mit den Kooperationsbanken ein Scoring-Modell ein. Dabei wird auf Basis einzelner Scores individuell für jeden Kunden/jede Kundin ein Gesamtscore gebildet. Die einzelnen Scores bilden Risikofaktoren ab, die beispielsweise auf soziodemografischen Merkmalen wie dem Wohnort beruhen. Der Gesamtscore entscheidet dann, ob einem Kunden/ einer Kundin je nach Höhe des Kaufpreises ein Ratenkauf angeboten wird oder nicht.

Letztendlich erwies sich der Ratenkauf als geeignete Lösung und wurde, trotz anfänglicher Sorge beim Gründerteam, sehr gut von den Kunden/innen angenommen. So übte der Ratenkauf einen positiven Einfluss auf die Konversionsrate aus und führte zu sinkenden Akquisitionskosten. Dr. Fabio Labriola erklärt hierzu: „Der Mietkauf war im Gegensatz zum Ratenkauf den Kunden noch nicht bekannt. Das hemmte viele Kunden daran, diesen zu nutzen."

Rückblickend betrachtet Dr. Fabio Labriola das erste Jahr als nervenaufreibende Zeit, aber er und die anderen Gründer sind sich sicher, die richtige Entscheidung für das Unternehmen getroffen zu haben. So hat sich das Tool des Ratenkaufs mittlerweile fest etabliert.

Neben der tief greifenden Entscheidung, das Geschäftsmodell in einem frühen Stadium zu ändern, wurden die Gründer im Entwicklungsprozess vor weitere schwierige Entscheidungen gestellt. Dr. Fabio Labriola betrachtet heute als eine der schwierigsten Entscheidungen, die in Bezug auf die Fashionette GmbH getroffen werden mussten, die Internationalisierung des Unternehmens einschließlich des Rückzugs aus ausländischen Märkten, insbesondere dem US-amerikanischen Markt.

Hat sich ein Unternehmen etabliert und strebt ein weiteres Wachstum an, besteht die strategische Option, in den Auslandsmarkt zu expandieren. Dieses Ziel verfolgten bald auch die Gründer der Fashionette GmbH. Zum Zeitpunkt der Internationalisierung hatte das Gründerteam bereits gelernt, unerwarteten Entwicklungen zu begegnen. Aus diesem Grund entschied es sich dafür, keinen zu detaillierten Plan für die Internationalisierung zu erstellen, sondern nach dem Motto „Grau ist alle Theorie, maßgeblich ist sie auf dem Platz" vorzugehen. So entschieden sich die Gründer zunächst für einen relativ kurzen Zeitraum von drei Monaten gleichzeitig in ausgewählte Märkte eintreten und eine Testphase zu durchlaufen, um zu prüfen, ob sich ein Markt rentiert oder nicht.

Als Eintrittsmärkte wählten Dr. Fabio Labriola und die restlichen Gründer über zehn europäische Märkte sowie den US-amerikanischen Markt aus. Bei der Auswahl gaben pragmatische Aspekte wie Sprach- und Zollbarrieren den Ausschlag.

Um die Ergebnisse der einzelnen Länder aus der Testphase miteinander vergleichen zu können, wählten die Gründer bei jedem Markt denselben Vertriebskanal, nämlich Google AdWords. Zudem verwendeten sie ebenfalls dasselbe Kampagnenset inklusive der Keyword-Struktur für alle Märkte. Das Budget wurde proportional zur Einwohnerzahl der Länder und je nach Kaufkraft der Einwohner/innen festgelegt. Beispielsweise erhielt Estland ein relativ kleines Budget, Frankreich oder Großbritannien hingegen ein deutlich größeres.

Nach Abschluss aller nötigen Vorbereitungen und der Fertigstellung des Kampagnensets trat die Fashionette GmbH im Jahr 2015 gleichzeitig in alle ausgewählten Auslandsmärkte ein.

Auf Basis von Key Performance Indikatoren (KPI), wie den Kundenakquisitionskosten oder dem Kundenwert, prüften die Gründer, welcher Markteintritt erfolgreich verlief und welcher nicht. Es stellte sich heraus, dass manche Märkte wie in den USA nicht profitabel waren und bereits gesättigt zu sein schienen. Dr. Fabio Labriola dazu: „[...] mit den USA hatten wir schon so auch Richtung Globalität geschielt. Wenn das funktioniert hätte, wäre der nächste Schritt dann wahrscheinlich gewesen, dass wir auch in Asien versuchen, das Geschäft aufzubauen. Aber da haben wir halt gesagt: Jetzt konsolidieren wir uns mal lieber, fokussieren uns vor allem auf Dachländer und auf die fünf Länder, die in diesem Internationalisierungstest gut performt haben."

So zog sich die Fashionette GmbH aus den USA und weiteren europäischen Ländern zurück und fokussierte sich auf Österreich, die Schweiz, Italien, Frankreich, Schweden, Großbritannien und die Niederlande. Nachdem die ersten Zahlen für diese Märkte in der Testphase vielversprechend gewesen waren, musste im nächsten Schritt nun die Profitabilität gestärkt werden. Dazu sollte der Kaufprozess komfortabel und einfach sein, um kein Hindernis darzustellen.

Daher leitete das Gründerteam Lokalisierungsmaßnahmen ein. Dazu gehörte es, die Website länderspezifisch zu gestalten, indem die Sprache von Englisch in die jeweilige Landessprache geändert wurde. Zudem erfolgte eine Anpassung an

die ländertypischen Versand- und Zahlungsarten. Um mehr potenzielle Kunden/
innen zu erreichen, wurden neben Google weitere Werbe- und Vertriebskanäle,
wie soziale Netzwerke oder Preissuchmaschinen, eingeschaltet. Die länderspezi-
fischen Anpassungen erwiesen sich als gute Entscheidung, denn die Fashionette
GmbH ist nach wie vor in den genannten europäischen Märkten aktiv. Österreich
und die Schweiz befinden sich derzeit fast auf dem gleichen Umsatzniveau wie
Deutschland, auch die übrigen Länder haben sich zu profitablen Märkten entwickelt.

Kurz und bündig

Die Entwicklungsgeschichte der Fashionette GmbH ist ein gutes Beispiel dafür,
dass eine Gründung in der Regel nicht unbedingt nach Plan verläuft. Trotz inten-
siver Marktanalysen oder Expertenmeinungen im Vorfeld kann die tatsächliche
Entwicklung eines Unternehmens anders verlaufen.

Obwohl sich das Gründerteam bei der Ideenentwicklung nach den Bedürfnissen des Markts und der potenziellen Nachfrage richtete und erfahrene Start-up-
Investoren von dem Geschäftsmodell überzeugt waren, ließ der Erfolg auf sich
warten. Oft fehlt es Gründern an diesem Punkt dann an der Fähigkeit einzusehen,
dass ihre Idee so nicht funktioniert. Wer jedoch nicht die Realität wahrhaben will
und vehement den unveränderten Anfangsplan verfolgt, riskiert den Misserfolg.

Das Beispiel Fashionette GmbH zeigt auf, dass die Fähigkeit zur Einsicht und
Flexibilität wichtige Fähigkeiten von Gründern darstellen. Gründer sollten auf
den Markt hören und darauf reagieren. Das bedeutet nicht, dass sie ihre Idee
komplett über den Haufen werfen sollen, aber dazu bereit sein müssen, diese
ggf. anzupassen, um erfolgreich zu werden. Die Gründer der Fashionette GmbH
änderten damals das Geschäftsmodell und verzichtete auf die Leihoption, jedoch blieb der Kern der Geschäftsidee, nämlich luxuriöse Designertaschen einer
breiten Zielgruppe zugänglich zu machen, erhalten.

Laut Dr. Fabio Labriola haben die Gründer inzwischen verstanden, was funktioniert und was nicht. Daher plant das Team sich zunächst weiterhin auf das
Kerngeschäft, den Online-Handel, zu fokussieren und die Erfolge weiter auszu-
bauen. Zudem bestehen Überlegungen eine Eigenmarke als weitere Wachstums-
und Weiterentwicklungsoption einzuführen. Mit einer Eigenmarke kann eine wesentlich höhere Marge als mit anderen Herstellermarken erzielt werden, was bei
Erfolg einen signifikanten Einfluss auf die Profitabilität des Unternehmens hätte.

Des Weiteren hatte die Eröffnung des ersten Pop-up-Stores auf der Düsseldorfer Königsallee positive Auswirkungen auf das Geschäft, indem zum einen die
Wahrnehmung des Unternehmens bei den Kunden/innen erhöht wurde und so

die Marke Fashionette gestärkt werden konnte. Zum anderen hat der Store einen deutlich positiven Einfluss auf die Umsätze im Raum Düsseldorf bewirkt. Daher kann sich Dr. Fabio Labriola gut vorstellen, künftig weitere Pop-up-Stores in Großstädten wie Hamburg oder Köln zu eröffnen, um dort ähnliche Effekte zu erzielen. Zudem besteht die Option, mit Fashionette in den stationären Handel einzutreten. Dies sind allerdings nur erste Überlegungen und keine konkreten Vorhaben. Eins jedoch ist sicher: An ihrer Strategie, flexibel zu bleiben und nicht übermäßig zu planen, werden Dr. Fabio Labriola und die anderen Gründer festhalten, denn diese hat sich für die Fashionette GmbH bewährt.

Das Team der NUMAFERM GmbH (Bildnachweis: Numaferm GmbH)

Robert Richstein und Bennet Schierstedt

5 NUMAFERM GmbH – Wissenschaftliche Forschung als Erfolgsmodell

Der Begriff „technischer Fortschritt" steht für die Weiterentwicklung und Neue-
rung von Produkten und Materialien sowie für die Anwendung neuer Verfahren,
die eine rationellere Produktion ermöglichen. Für dieses Begriffsverständnis gibt
es wohl kaum ein treffenderes Praxisbeispiel als ein Biotech-Start-up in Düsseldorf.

Die NUMAFERM GmbH wurde 2017 als Spin-off der Heinrich-Heine-Universität Düsseldorf gegründet. Mithilfe eines innovativen biotechnischen Verfahrens
ermöglicht das Unternehmen eine kostengünstigere und ressourcenschonendere
Produktion von Peptiden, welche ein elementarer Bestandteil beispielsweise von
Medikamenten und Kosmetika sind.

Im Folgenden wird analysiert, wie es dem Ideengeber und Gründer Dr. Christian Schwarz gelang, die Forschungsergebnisse aus seiner Zeit als Doktorand an
der Heinrich-Heine-Universität Düsseldorf in eins der vielversprechendsten Bio-
tech-Start-ups Deutschlands einzubringen und welche wichtige Rolle hierbei Forschungswettbewerbe und öffentliche Fördermittel spielten.

Teure Peptide

Ein Peptid ist ein Molekül, das aus bis zu 100 miteinander verknüpften Aminosäuren besteht. Verbindungen mit mehr als 100 Aminosäuren werden hingegen
als Proteine definiert. Obgleich Peptide häufig als „kleine Schwester" der Proteine gelten, sind ihre physiologischen Funktionen vielfältig und nicht gering zu
schätzen. Bekannte Beispiele sind das biologisch aktive Peptid Insulin, welches
als Hormon den Blutzuckerspiegel reguliert, oder das Peptid Calcitonin, welches
im Alter gegen Knochenschwund wirkt. Darüber hinaus wirken wiederum an anderer Stelle Peptide als Neurotransmitter im Nervensystem.

Aufgrund ihrer vielfältigen physiologischen Funktionen, werden Peptide in
verschiedenen Industrien als Wirkstoff eingesetzt. So dienen sie unter anderem
als Konservierungsmittel in der Nahrungsmittelindustrie und sind Bestandteil
von Medikamenten gegen Krebs und Autoimmunerkrankungen wie HIV.

Bisher galt für Peptide das Dogma, dass sie nicht oder nur äußerst ineffizient
durch biotechnologische Verfahren zu gewinnen sind. Dementsprechend werden

https://doi.org/10.1515/9783110663839-005

Peptide bislang hauptsächlich mittels chemischer Verfahren synthetisiert. Auch wenn Robert Bruce Merrifield 1984 den Nobelpreis für Chemie für die Entwicklung dieses Verfahren erhielt, ist die chemische Synthese von Peptiden teuer und ressourcenintensiv. So kann ein Milligramm Peptid mehrere Hundert bis Tausend Euro Kosten.

Die aufwendige Herstellung von Peptiden erschwert deren flächendeckenden Einsatz als Wirkstoff. So kostet beispielsweise eine Therapie mit dem Polypeptid Enfuvirtid – ein hoch wirksamer Arzneistoff zur Behandlung HIV-infizierter Patienten/innen – monatlich etwa 2.200 Euro. Neben den enormen Kosten fällt zudem die hohe Umweltbelastung aufgrund der chemischen Synthese von Peptiden ins Gewicht. So sind beispielsweise für die Synthese von 1 Kilogramm Enfuvirtid etwa 45 Tonnen Chemikalien als Roh- und Hilfsstoffe notwendig.

Damit Peptide als Wirkstoff für den medizinischen Massenmarkt und anderer Industriebereiche interessant werden, müssen die Produktionskosten und die Umweltbelastung deutlich sinken.

Das biotechnische Verfahren der NUMAFERM GmbH zur Peptidsynthese bietet hierfür die Lösung. In seiner Zeit als Doktorand gelang es Schwarz, E.-Coli-Bakterien genetisch so zu verändern, dass sie Peptide in regulierter Umgebung produzieren und diese anschließend „geerntet" werden können. Dieses Verfahren senkt die Kosten für 1 Kilogramm Peptide in einen dreistelligen Euro-Bereich und macht die Synthese wesentlich ressourcenschonender.

Die NUMAFERM GmbH hat derzeit etwa 20 in- und ausländische Kunden/innen, an die es entweder kleinere Mengen Peptide oder das lizensierte Herstellungsverfahren vertreibt. Dass in absehbarer Zukunft weitere Kunden/innen hinzukommen, erscheint realistisch, insbesondere vor dem Hintergrund, dass biologisch synthetisierte Peptide in den unterschiedlichsten Branchen und Industrien eingesetzt werden können. So gibt es Anwendungsmöglichkeiten beispielsweise in der Klebstoffindustrie, in der Oberflächenbeschichtung, in der Kosmetik oder auch in der Agrarwirtschaft.

Der erste Meilenstein

Die NUMAFERM GmbH wurde im Januar 2017 als Spin-off der Heinrich-Heine-Universität Düsseldorf gegründet. Als „universitäre Spin-offs" werden akademische Ausgründungen bezeichnet, deren Gründungsteam zumeist aus Professor/innen, Mitarbeiter/innen oder Studierenden der Hochschule besteht. Ihr Ziel besteht insbesondere darin, ihre Forschungsergebnisse unternehmerisch zu verwerten. Dies gilt auch für Schwarz, dessen akademische Laufbahn 2005 mit dem Bachelorstudium in Biochemie an der Heinrich-Heine-Universität Düsseldorf begann und dort im Jahr 2012 mit dem Abschluss seiner Promotion ihren vorläufigen Höhepunkt nahm. Aus seiner Promotionszeit stammen nicht nur über zehn Peer-Review-Publikationen, sondern auch die Technologie und mittlerweile mehr als zehn Patente bzw. Patentanmeldungen, auf denen das Geschäftsmodell der NUMAFERM GmbH beruht. Aber wie so häufig bei neuartigen Lösungen und Geschäftsideen spielte der Zufall auch hier eine entscheidende Rolle. So umfasste das Thema der Dissertation von Schwarz zunächst die Untersuchung von Transportmechanismen in Zellen. Obwohl Peptide nicht im Mittelpunkt seiner Arbeit standen, riet ihm sein Doktorvater Professor Dr. Lutz Schmitt, auch diese Molekülgruppe zu untersuchen. Die Chancen, etwas Neues zu entdecken, standen eigentlich schlecht, denn bislang war es Wissenschaftlern/innen nicht gelungen, Peptide aus den produzierenden Mikroorganismen wie dem Bakterium E.coli zu extrahieren. Schwarz versuchte es trotzdem. Als der Versuch tatsächlich funktionierte, verstand er, dass ihm etwas gelungen war, das andere Wissenschaftler/innen jahrelang vergeblich versucht hatten: Er hatte einen Weg gefunden, die Herstellung von Peptiden effizienter zu realisieren. Von nun an machte sich Schwarz Gedanken, ob und wie er seine Forschungsergebnisse in ein wettbewerbsfähiges Unternehmen überführen könnte. Nach dem Abschluss seiner Promotion 2012 blieb er daher zunächst als wissenschaftlicher Mitarbeiter und Forschungsgruppenleiter an der Heinrich-Heine-Universität Düsseldorf. In dieser Zeit gelang es ihm, immer erfolgreicher eigene Finanzierungsmittel für sein Projekt einzuwerben. So war es ihm ab Ende 2015 möglich, ein Team aufzubauen. Die Forschungs- und Entwicklungsarbeit konnte nun auf mehrere Schultern verteilt werden, was Schwarz selbst als einen wichtigen Meilenstein auf dem Weg seiner Unternehmensgründung betrachtet. Beispielsweise wurde mit Philipp Bürling, einem erfahrenen Manager aus der Logistikbranche, weiteres betriebswirtschaftliches Know-how hinzugewonnen. Mit dieser Unterstützung konnte Schwarz seinen Fokus wieder verstärkt auf die Forschung richten und die Technologie soweit vorantreiben, dass die allermeisten Peptide im industriellen Maßstab biologisch synthetisiert werden können.

Als nächster Meilenstein folgte die rechtliche Unternehmensgründung der NUMAFERM GmbH im Januar 2017. Der Name „Numaferm" ergibt sich als Abkürzung aus der Wendung „New Market Fermentation", die auf das Herstellungsverfahren der Peptide Bezug nimmt. Im Sommer 2017, kurz nach der Gründung, war die erste Finanzierungsrunde, mit der ein einstelliger Millionenbetrag erzielt werden konnte, abgeschlossen. Zu den renommierten Investoren zählten der Hightech Gründerfond, der Europäische Investitionsfond, der Investmentarm des Chemiekonzerns EVONIK sowie die Business Angels Detlev Riesner und Jürgen Schumacher, Mitgründer des Biotechnikunternehmens Qiagen. Die Finanzierungsmittel dienten in erster Linie dazu, die Technologieentwicklung voranzutreiben und den Produkten zur Marktreife zu verhelfen. Dieses Vorhaben gelang in jeder Hinsicht. So konnte die NUMAFERM GmbH Ende 2018 bereits signifikante Umsätze und einen Kundenstamm von mehr als 20 in- und ausländischen Unternehmen vorweisen. Das gemeinsame Ziel der Investoren und des Unternehmensgründers Schwarz ist es, ein florierendes Unternehmen aufzubauen, indem die kostengünstige und umweltschonende biologische Synthese von Peptiden für viele Branchen und Industrien zugänglich gemacht wird. Die nächsten konkret angekündigten Schritte sind die zunehmende Anstellung von Mitarbeitern/innen und die Verdopplung der Laborräume von 200 auf 400 Quadratmeter.

Von der Forschung zum Start-up

Hightech-Start-ups werden allgemein als eine Quelle neuer innovativer Ideen und Ansätze wahrgenommen. Diese Aussage ist nicht falsch, kann aber noch genauer formuliert werden. Innovative Ideen und Ansätze entstehen durch die Erkenntnisse von Wissenschaftlern/innen und Ingenieuren/innen, die ein Unternehmen gründen, um ihre wissenschaftlichen Erkenntnisse unternehmerisch zu verwerten. Für die Überführung dieser Erkenntnisse in ein wettbewerbsfähiges Unternehmen ist jedoch fast immer (Start-)Kapital notwendig. Dies gilt insbesondere im Bereich der Hochtechnologien. Bevor überhaupt an die rechtliche Gründung eines Unternehmens zu denken ist, sind zunächst hohe Investitionssummen für vorgelagerte Markt-, Akzeptanz- und Machbarkeitsstudien mit teurem Equipment, Material, Beratung erforderlich. Daneben ist auch der Lebensunterhalt der Ideengeber zu finanzieren. Dementsprechend ist es von Anfang an wichtig, dass die Finanzierung eines Gründungsvorhabens ausreichende Aufmerksamkeit erhält. Diese Aussage unterstützt Schwarz. Als er während seiner Promotion die Entdeckung machte, wie Peptide mit einem effizienten Verfahren biologisch synthetisierbar sind, war ihm bewusst, dass diese Entdeckung ein enormes wirtschaftliches Potenzial hat. Dennoch stand er nun vor der schwierigen Entscheidung, ob er den langwierigen und risikoreichen Weg hin zu einer Unternehmensgründung tatsächlich gehen wollte oder lieber in ein gesichertes Angestelltenverhältnis eintreten sollte. Er entschied sich für die Unternehmensgründung und stand fortan vor der Herausforderung, sein Vorhaben zu finanzieren.

Während potenzielle Markt-, Akzeptanz- und Machbarkeitsstudien für weniger oder nicht technologieorientierte Ideen oft durch gesparte Mittel der Ideengeber oder Kapital aus dem Familien-, Freundes- und/oder Bekanntenkreis finanziert werden, ist dies bei technologieintensiven Ideen in der Regel nicht möglich, da es um einen sehr hohen Kapitalbedarf geht. Gleichzeitig sehen die meisten privatwirtschaftlichen Geldgeber wie Beteiligungsgesellschaften und Banken von der Finanzierung einer Idee im Anfangsstadium ab. Das Risiko des Verlusts ihres eingesetzten Kapitals ist zu diesem Zeitpunkt einfach noch zu groß.

Entscheidungsträger und Politiker weltweit haben diesen potenziellen Engpass an privaten Finanzierungsmitteln für Hightech-Gründungen erkannt und Maßnahmen entwickelt, die es Wissenschaftlern/innen erlauben, an ihren Erkenntnissen festzuhalten und das unternehmerische Potenzial zu testen. Eine Möglichkeit, anfängliche Vorhaben zu finanzieren, bieten dotierte Forschungs- und Ideenwettbewerbe.

Daher bewarb sich Schwarz für den Deutschen Studienpreis der Körber-Stiftung 2013. Der Preis zeichnet jährlich die besten deutschen Nachwuchswissenschaftler aller Fachrichtungen aus und zählt mit einem Preisgeld bis zu 25.000 Euro zu einem der höchstdotierten Studienpreise in Deutschland. Ausgezeichnet werden letztendlich die Beiträge, die neben ihrer fachwissenschaftlichen Exzellenz vor allem durch ihre spezifische gesellschaftliche Bedeutung überzeugen. Schwarz schaffte es, mit nur etwa 14.000 Zeichen seine Forschungsergebnisse und deren gesellschaftliche Relevanz so überzeugend vorzustellen, dass er den Deutschen Studienpreis gewann. Bei der feierlichen Veranstaltung in Berlin wurde ihm der Preis von dem damaligen Bundestagspräsidenten Professor Dr. Nobert Lammert überreicht. Der Preisträger selbst gibt zu, dass dieser für ihn unerwartete Preis weitere Vorteile mit sich brachte. So motivierte ihn der Gewinn zusätzlich, seine Forschungsergebnisse und die ihnen zugrundeliegende Technologie zur Marktreife zu führen. Mindestens ebenso positiv waren laut seinen Angaben das mediale Echo und die dadurch gestiegene Reputation. Selbst wenn er die genauen Vorteile nicht quantifizieren kann, berichtet er von häufigeren Einladungen zu Konferenzen und somit neuen Plattformen, wo er sein Vorhaben präsentieren konnte.

Ungeachtet dessen, dass die Quantifizierung von Reputation schwierig ist, so ist grundsätzlich erklärbar, warum ein Preisgewinn Vorteile bietet. Es handelt sich hierbei um einen Zertifizierungseffekt, welcher als externes Qualitätssiegel gilt. Damit ein externes Qualitätssiegel wirksam ist, müssen folgende drei Bedingungen erfüllt sein: Erstens muss die Institution, die den Preis vergibt, selbst eine Reputation haben, welche sie nicht aufs Spiel setzen möchte. Zweitens muss es für den Anwärter kostspielig sein (zum Beispiel zeit- oder ressourcenintensiv), sich zu bewerben. Drittens muss die Zertifizierung für Außenstehende beobachtbar und verifizierbar sein. Alle drei Voraussetzungen sind bei dem Deutschen Studienpreis der Körber-Stiftung gegeben. So ist die im Jahr 1959 von Kurt A. Körber ins Leben gerufene Stiftung renommiert, was unter anderem darin zum Ausdruck kommt, dass seit vielen Jahren der amtierende deutsche Bundestagspräsident den Preis als Schirmherr übergibt. Ebenso ist die Wettbewerbsteilnahme als kostenintensiv für den Bewerber zu bewerten, da er umfangreiche Bewerbungsunterlagen einreichen muss. Auch das dritte Kriterium ist erfüllt, da der Gewinn des Preises beobachtbar ist und durch eine große mediale Berichterstattung extern verifiziert wird.

Neben Forschungs- und Ideenwettbewerben bieten öffentliche Fördermittel Wissenschaftlern/innen eine weitere Finanzierungsquelle, um Forschungsergebnisse in ein selbstständiges, wettbewerbsfähiges Unternehmen zu überführen. Beschäftigen sich potenzielle Gründer/innen erstmals mit öffentlichen Fördermitteln, so wird ihnen schnell klar, dass sie einen (Förder-)Dschungel betreten. So gibt es in Deutschland zwar zahlreiche Förderprogrammen für Gründer/innen und Gründungsinteressenten, aber keine zentrale Stelle, die Förderanträge entgegennimmt und bearbeitet. Vielmehr hat jedes Förderprogramm eine eigene Anlaufstelle. Die Art und der Umfang des Förderantrags hängen somit immer von dem jeweiligen Programm ab. Nicht zuletzt wegen der großen Anzahl von Förderprogrammen existieren auch viele kostenfreie Beratungsmöglichkeiten, welche eine Beratung als Hilfe anbieten.

Schwarz, der selbst Fördermittel vor der Gründung der NUMAFERM GmbH beantragt hat, wandte sich für diese Beratung an das Center for Entrepreneurship der Heinrich-Heine-Universität Düsseldorf (CEDUS). Er empfiehlt jedem Gründungsinteressenten, eine solche kostenfreie Beratung rund um den Förderantrag frühzeitig in Anspruch zu nehmen. Seiner Erfahrung nach ist ein gut ausgearbeiteter Förderantrag mindestens genauso wichtig wie die ihm zugrundeliegende Idee. So musste er feststellen, dass trotz seiner vielversprechenden Idee, seine ersten Förderanträge nicht die hinreichende Qualität vorwiesen. Er stellte zwei Mal vergeblich einen Antrag auf den EXIST-Forschungstransfer, einem der bekanntesten Förderprogramme Deutschlands. Erst im dritten Anlauf hatte sein EXIST-Antrag, auch durch die zusätzliche Unterstützung des CEDUS, die notwendige Qualität und wurde akzeptiert.

Der EXIST-Forschungstransfer ist ein bundesweites Förderprogramm, welches durch das Bundesministerium für Wirtschaft und Energie (BMWi) sowie den Europäischen Sozialfonds (ESF) finanziert wird.[1] Das Förderprogramm soll besonders anspruchsvolle technologieorientierte Unternehmensgründungen aus Hochschulen und außeruniversitären Forschungseinrichtungen ermöglichen. Das Programm besteht aus zwei Förderphasen: In der ersten Phase werden Forscherteams an Hochschulen und Forschungseinrichtungen gefördert, deren Forschungsergebnisse das Potenzial haben, Grundlage einer Unternehmensgründung zu sein. Das Ziel dieser Phase ist es, die Entwicklungsarbeiten so weit voranzutreiben,

---

1 Nachfolgende Angaben zu EXIST-Forschungstransfer beziehen sich auf den Stand von November 2018. Konditionen und Zahlen können abweichen und sind unter www.exist.de einsehbar.

dass wissenschaftliche Erkenntnisse in technische Produkte und Verfahren umgesetzt werden können. Zudem erfolgt die Ausarbeitung eines Businessplans, der die geplante Unternehmensgründung gezielt vorbereitet. Grundlegende Voraussetzung für die erste Förderphase ist, dass der Antrag über eine deutsche Forschungsorganisation gestellt wird, welche in ein gründungsunterstützendes nachhaltiges Netzwerk eingebunden ist. Dieses Netzwerk soll eine adäquate Betreuung des Forscherteams sicherstellen sowie entsprechende Arbeitsmöglichkeiten zur Verfügung stellen. Ebenso müssen die Antragsteller/innen über einen akademischen Abschluss verfügen und neben der Technologieexpertise weiteres unternehmerisches Potenzial sowie Erfahrung im Projektmanagement vorweisen. Sind diese Voraussetzungen erfüllt, entscheiden der vom BMWi eingesetzte Projektträger und eine Expertenkommission über den Antrag. Bei einem positiven Bescheid können bis zu 100 Prozent der Personalausgaben für maximal vier Personalstellen sowie Sachausgaben für bis zu 250.000 Euro finanziert werden. Die Förderung umfasst im Regelfall einen Zeitraum von maximal 18 Monaten.

Aufbauend auf der ersten Phase, werden in der zweiten Förderphase diejenigen Vorhaben weiter gefördert, welche eine prinzipielle technische Machbarkeit der Innovation („proof of concept") vorweisen können. Im Fokus der zweiten Phase stehen neben weiteren Entwicklungsarbeiten wie die Entwicklung eines Prototyps hauptsächlich Maßnahmen, welche die Aufnahme der Geschäftstätigkeit und eine externe Unternehmensfinanzierung ermöglichen. Folgende formelle Voraussetzungen für die zweite Phase der Förderung müssen erfüllt sein: zum einen die Gründung des Unternehmens in Form einer Kapitalgesellschaft und zum anderen, dass deutlich mehr als 50 Prozent der Geschäftsanteile im Eigentum der im Unternehmen tätigen Gründer/innen verbleiben. Ebenfalls müssen die notwendigen Rechte aus den zugrunde liegenden Erfindungen der Förderphase dem neu gegründeten Unternehmen uneingeschränkt zur wirtschaftlichen Verwendung zur Verfügung stehen. Über einen positiven Bescheid entscheidet ähnlich wie in der ersten Förderphase der vom BMWi eingesetzte Projektträger. Fällt die Entscheidung positiv aus, so wird dem Unternehmen ein nicht rückzahlbarer Gründungszuschuss von maximal 180.000 Euro zur Verfügung gestellt.

Für Schwarz war die Bewilligung der ersten Förderphase des EXIST-Forschungstransfers im Oktober 2015 ein wichtiger Meilenstein auf seinem Weg, ein wettbewerbsfähiges Unternehmen zu gründen. Mit den öffentlichen Mitteln war es ihm erstmals möglich, ein Team aufzubauen. So kamen mit Dr. José Montoya und Dr. Andreas Uhde zwei weitere Wissenschaftler und mit Philipp Bürling ein Betriebswirt hinzu. Aufgrund der Vergrößerung des Teams und der hinzugewonnenen Expertise war es fortan möglich, die betriebswirtschaftlichen und wissenschaftlichen Aufgaben kompetenzgerecht zuzuordnen. So hielt Bürling als Finanzfachmann den Wissenschaftlern den Rücken frei, indem er sich um alle betriebswirtschaftlichen Aspekte bezüglich der anstehenden Unternehmens-gründung kümmerte. Er arbeitete insbesondere in der Förderperiode ein über-zeugendes Unternehmenskonzept sowie einen Businessplan aus. Schwarz und die anderen Forscher wussten diesen Freiraum effizient zu nutzen und schaff-ten es schon innerhalb der Förderperiode, ihre Technologie in großen Schritten von der Laborreife hin zur Industriereife weiterzuentwickeln. Die fortgeschritte-ne Entwicklung der Technologie und die Professionalisierung der betriebswirt-schaftlichen Prozesse ermöglichten die Bewilligung der zweiten Förderphase vom Projektträger und die rechtliche Gründung der NUMAFERM GmbH am Ende der ersten Förderperiode im Januar 2017. Dies waren jedoch nicht die einzigen Erfolge für die neu gegründete Gesellschaft in diesem Jahr. So schafften es Schwarz und Bürling, die seit der Gründung der NUMAFERM GmbH als Geschäftsführer fun-gieren, im Sommer 2017 namhafte Investoren von einer Beteiligungsfinanzierung zu überzeugen. Zu den renommierten Investoren zählen die Venture-Capital-Ein-heit des Industriekonzerns EVONIK, die Business Angels und Qiagen-Mitgründer Detlev Riesner und Jürgen Schumacher, der European Investment Fund sowie der High-Tech Gründerfonds. Das Volumen der gesamten Finanzierungsrunde lag im einstelligen Millionen-Euro-Bereich und ermöglichte den Gründern unter ande-rem, die Räumlichkeiten der Heinrich-Heine-Universität Düsseldorf zu verlassen und ein eigenes Labor einzurichten und zu beziehen.

Dass das nachhaltige Wachstum der NUMAFERM GmbH noch nicht am En-de ist und die Förderer mit ihren Investitionen eine gute Entscheidung getroffen haben, zeigt die positive Entwicklung des Unternehmens. Das Unternehmen hat renommierte Kunden/innen aus dem In- und Ausland und gewann 2018 den mit 100.000 Euro dotierten Gründerwettbewerb „Start me up!" des Wirtschaftsmaga-zins Bilanz.

Kurz und bündig

Obwohl sich die bisherige Gründungsgeschichte von Schwarz und der NUMA-FERM GmbH wie eine märchenhafte Erfolgsstory liest, so beschreibt sie bei ge-nauerer Betrachtung auch die enormen Herausforderungen, vor denen Wissen-schaftler/innen stehen, wenn sie ein Unternehmen gründen möchten.

So stand Schwarz zu Beginn vor der großen Herausforderung, seine gute Idee überhaupt zu finanzieren. Ungeachtet der Branche, ist es für Hightechgründer wie Schwarz in der Regel unmöglich, das eigene Gründungsvorhabens in der Anfangs-phase auch nur annähernd zu finanzieren. Ebenso schwierig bis unmöglich ist es, private Kapitalgeber wie Banken oder Beteiligungsgesellschaften von Projekten im Anfangsstadium zu überzeugen.

Eine Möglichkeit, das Wagnis einer Unternehmensgründung einzugehen, bieten dotierte Forschungswettbewerbe und öffentliche Fördermittel. Selbst wenn die Suche nach dem richtigen Wettbewerb oder den Fördermitteln aufwendig erscheint und mit einem hohen bürokratischen Aufwand verbunden ist, lohnt er sich in vielen Fällen. Schwarz hat mit seinem Entschluss, ein Unternehmen zu gründen, zahlreiche Anträge auf Fördermittel geschrieben und an vielen Wettbewerben teilgenommen. Obwohl er nicht alle Wettbewerbe gewonnen hat und Absagen erhielt, verschaffte ihm jede Teilnahme zumindest eine Bühne, um sein Vorhaben vorzustellen und bekannter zu machen. Zudem nahm er, auch nach einer Ablehnung, wichtige Erkenntnisse für den nächsten Förderantrag mit, um sein Vorhaben in Zukunft besser darzustellen.

Der bewilligte EXIST-Forschungstransfer 2015 bedeutete schließlich den Durchbruch für das Vorhaben, ein Unternehmen zu gründen. Ohne die Gewährung der Fördermittel wäre, so Schwarz, die Umsetzung seiner Idee nicht möglich gewesen. Gründungswilligen Wissenschaftlern/innen rät er hinsichtlich der Finanzierung ihrer Vorhaben, neben einer guten Idee auch die Qualität der Förderanträge als mindestens genauso wichtig anzusehen. An dieser Stelle kann eine Beratung der Experten von CEDUS von entscheidender Bedeutung sein.

Die Gründer der Pinpools GmbH: Die Brüder Alexander und Heribert-Josef Lakemeyer (Bildnachweis: Pinpools GmbH)

Mirko Brunk

6 PINPOOLS GmbH – Wenn die Chemie stimmt

In jüngerer Vergangenheit hat die Digitalisierung die Normen und Methoden vieler etablierter Unternehmen infrage gestellt. Vor allem digitale Plattformen, die als Intermediäre mehrere Gruppen eines Marktes digital verbinden, haben jüngst an Bedeutung gewonnen und treten mit ihren innovativen Geschäftsmodellen in Wettbewerb zu renommierten Unternehmen. Bei der Düsseldorfer PINPOOLS GmbH handelt es sich um einen Plattformanbieter, welcher die Beschaffungsprozesse der chemischen Industrie digital abbildet. Die PINPOOLS GmbH bringt Einkäufer und Lieferanten miteinander in Kontakt und garantiert so einen offenen Markt mit transparenten Preisen und Konditionen. Über dieses digitale Netzwerk können Lieferanten neue Kunden/innen gewinnen und mehr Waren verkaufen, wobei Einkäufer/innen gleichzeitig effizient den besten und preisgünstigsten Lieferanten identifizieren können.

Damit junge Unternehmen in dem agilen, schnelllebigen Umfeld der Digitalisierung bestehen und sich gegenüber etablierten Wettbewerbern behaupten können, müssen sie effiziente operationale Arbeitsprozesse implementieren und sich gleichzeitig kontinuierlich weiterentwickeln. Sowohl die Implementierung effizienter Prozesse als auch die ständige Weiterentwicklung der Angebote erfordern konkurrierende Ressourcen und unterschiedliche Mindsets bei den Gründern/innen und ihren Angestellten. Während der Effizienzgedanke in Form von Kosteneinsparungen insbesondere bei der Verbesserung von Arbeitsprozessen vorherrscht, kann die langfristige Wettbewerbsfähigkeit nur gestärkt werden, wenn Unternehmen ein Learning-Mindset haben. Ein solches Learning-Mindset erlaubt es, nach radikalen Produktinnovationen zu suchen, neue Märkte zu beobachten und gewisse Risiken einzugehen.

Dementsprechend verfolgen Unternehmen auf Basis ihrer Mindsets zwei scheinbar gegensätzliche Geschäftsaktivitäten: die Exploitation der bestehenden Kompetenzen, beispielsweise bei der Effizienzsteigerung im Tagesgeschäft, und die Exploration von Neuem, beispielsweise in der Produktentwicklung oder der Formulierung der Unternehmensstrategie. Die Ausbalancierung dieser Geschäftsaktivitäten stellt eine große Herausforderung für Gründer/innen junger Unternehmen dar. Im Folgenden wird gezeigt, wie die beiden Gründer Alexander und Heribert Lakemeyer diese Herausforderung mit ihrem Start-up PINPOOLS GmbH gelöst haben. Der erste Teil beleuchtet die chemische Industrie und die Entwicklung ihres Geschäftsmodells. Dann erfolgt die Analyse, wie die Gründer

https://doi.org/10.1515/9783110663839-006

ihre Organisation strukturierten, um alle Geschäftsaktivitäten effizient bearbeiten zu können. Die abschließende Diskussion fasst die Ergebnisse zusammen.

Die chemische Industrie

Die chemische Industrie befasst sich mit der Herstellung chemischer Erzeugnisse. Sie etablierte sich im Jahr 1850 in Europa und den USA als eigenständiger Wirtschaftszweig und gilt als ein wesentlicher Bestandteil der industriellen Revolution. Dementsprechend kamen die Produkte der Chemieindustrie ursprünglich in der Weiterverarbeitung von Metallen, Motoren, Eisenträgern oder Chemiefasern und Farbstoffen zum Einsatz.

Heute fällt eine genaue Definition von Unternehmen, welche zur Chemieindustrie gezählt werden sollten, schwer. So definiert das Brockhaus-Lexikon die chemische Industrie wie folgt: „[Zur chemischen Industrie gehören] im weiteren Sinne diejenigen Industrien, die sich ausschließlich oder vorwiegend mit der Umwandlung von natürlichen und mit der Herstellung von synthetischen Rohstoffen befassen. Abgrenzungen sind schwierig und nicht einheitlich.“[1] Die Unternehmen der Chemieindustrie wandeln Rohmaterialien wie Öl, natürliches Gas, Luft, Wasser, Metalle oder Mineralien in mehr als 70.000 verschiedene Produkte um. Laut Statistischem Bundesamt gehören die gewerblichen Hersteller der folgenden Produkte zur Chemieindustrie: anorganische Grundstoffe und Chemikalien, organische Grundstoffe und Chemikalien, Düngemittel, Pflanzenbehandlungsmittel und Schädlingsbekämpfungsmittel, Kunststoffe und synthetischer Kautschuk, pharmazeutische Erzeugnisse und sonstige chemische Erzeugnisse (Klebstoffe etc.). Zudem gibt es einige Überschneidungen mit der Kunststoffindustrie, da die meisten Hersteller chemischer Erzeugnisse auch Plastik und Ähnliches produzieren. Dementsprechend stellt die Chemieindustrie viele Produkte her, die andere Industriezweige benötigen, zum Beispiel die Kunststoffindustrie, die Lebensmittelindustrie, die Automobilindustrie, der Maschinenbau, die Glasindustrie und die Baustoffindustrie. Dabei machen Polymer und Plastik etwa 80 Prozent der weltweiten Produktion aus.

Im Jahr 2016 betrug der Umsatz der Chemieindustrie weltweit 3.360 Milliarden Euro. Im Vergleich zum Vorjahreswert von 3.347 Milliarden Euro stieg der Umsatz demnach nur leicht um 0,4 Prozent. Während das Wachstum der weltweiten Chemieindustrie nahezu stagniert, bestehen große Unterschiede in der Wachstumsentwicklung auf regionaler Ebene. Beispielsweise sank der Anteil der EU-Staa-

---

1 Brockhaus-Enzyklopädie (1987). Mannheim: F.A. Brockhaus GmbH, 19. Auflage, Band 4, S. 447.

ten am weltweiten Umsatz der Chemieindustrie von 2006 bis 2016 von 28 Prozent auf 15,1 Prozent, während der Umsatz in China im selben Zeitraum von 13,2 Prozent auf 39,6 Prozent drastisch anstieg. Es besteht die Erwartung, dass sich dieser Trend in den kommenden Jahren fortsetzen wird.[2] In absoluten Zahlen ausgedrückt machte China im Jahr 2016 mit 1.331 Milliarden Euro (39,6 Prozent) den größten Anteil am weltweiten Umsatz aus. Auf Platz zwei und drei folgen die Mitgliedsstatten der NAFTA (USA, Kanada und Mexiko) mit 528 Milliarden Euro Umsatz (15,7 Prozent) und die EU-Mitgliedsstaaten mit 507 Milliarden Euro Umsatz (15,1 Prozent). Die USA produzieren mit 476 Milliarden Euro den größten Anteil der NAFTA-Mitgliedsstaaten, wobei Deutschland mit 145 Milliarden Euro den größten Anteil der EU-Mitgliedsstaaten stellt (28,7 Prozent am EU-Gesamtumsatz von 507 Milliarden Euro). Damit hat sich die EU-Produktion chemischer Erzeugnisse nach der Industriekrise im Jahr 2009 nahezu erholt. So verringerte sich im Laufe der globalen Finanzkrise im Jahr 2008 die Produktion der chemischen Industrie in den EU-Ländern um mehr als 20 Prozent. Ab 2010 konnten sich die Umsatzzahlen jedoch erholen und zeigen inzwischen einen positiven Trend auf dem Niveau der Jahre vor der Finanzkrise. Mit 1,14 Millionen Angestellten im Jahr 2016 befindet sich auch die Mitarbeiteranzahl der chemischen Industrie in Europa auf einem gleichbleibend hohen Niveau.

Für Deutschland ist die Chemieindustrie von besonderer Bedeutung, da sie nach der Automobil- und Maschinenbauindustrie den drittgrößten Wirtschaftszweig im Land darstellt. 6.900 Unternehmen in Deutschland zählen sich zur chemischen Industrie. Zu den größten deutschen Chemieunternehmen gehören BASF, Linde, LANXESS, EVONIK, Covestro, BAYER und Brenntag. BASF ist der größte Hersteller chemischer Erzeugnisse und BRENNTAG der größte Händler chemischer Produkte weltweit.

Im Jahr 2017 begann die chemische Industrie die vierte Entwicklungsstufe ihrer Geschichte einzuläuten. Im Rahmen der Initiative „Chemie 4.0" investierten die Unternehmen der Branche vor allem in die Digitalisierung, zirkuläre Wirtschaft und Nachhaltigkeit. So wurden Produktionsanlagen mithilfe der Digitalisierung automatisiert oder virtuelle Realität zur Simulation für Forschung und Produktentwicklung genutzt.[3] Obwohl die Industrie das große Potenzial der Digitalisierung erkannt hat, fokussiert sie sich bislang hauptsächlich auf Produktinnovationen und vernachlässigt die Vorteile, die eine Digitalisierung der adminis-

---

2 Vgl. Cefic Facts and Figures of the European chemical Industry (2017), verfügbar unter http://fr.zone-secure.net/13451/451623/#page=1.
3 Vgl. Verband der Chemischen Industrie e. V. (2017), verfügbar unter https://www.vci.de/ services/publikationen/broschueren-faltblaetter/vci-deloitte-stuide-chemie-4-punkt-0-langfassung.jsp.

trativen Prozesse mit sich bringen würde. Beispielsweise erfolgt eine Geschäftsanbahnung zwischen Einkäufern und Lieferanten meist per Telefon oder E-Mail. Erstaunlicherweise nutzen potenzielle Vertragspartner in 10 bis 20 Prozent der Fälle sogar noch das Faxgerät. Dementsprechend ist der Prozess der Angebotsanfrage ineffizient und der anschließende Preisvergleich zwischen den einzelnen Anbietern sehr umständlich und zeitaufwendig.

Wenn zwei Brüder mit dem Rucksack unterwegs sind

Die PINPOOLS GmbH wurde im April 2016 von den Brüdern Alexander und Heribert Lakemeyer gegründet. Alexander hat sein Studium zum Diplomkaufmann an der Universität zu Köln im Hauptfach Wirtschaftspsychologie mit dem Nebenfach Unternehmensfinanzierung im Jahr 2012 abgeschlossen. Im Laufe seines Studiums sammelte er Erfahrungen als Praktikant in der Unternehmensberatung, im Controlling und im Vertrieb in Deutschland, Indien und Australien. Zudem kam er in dieser Zeit mit jungen Unternehmensgründern/innen aus seinem Freundes- und Bekanntenkreis in Kontakt, sodass er aus erster Hand die mit einer Unternehmensgründung verbundenen Herausforderungen mitbekam. Die Erzählungen bestärkten ihn in seinem Wunsch, sich auch selbstständig zu machen: „Nach meinen Praktika in verschiedenen Unternehmen war mir klar, dass eine Karriere in einem großen Konzern für mich nicht infrage kommt. Ich wollte schon immer gründen. Aber direkt nach meinem Studium war ich noch nicht so weit. Mir fehlte einfach die weitere Praxiserfahrung und damit auch eine solide Idee. Träumen kann jeder, aber ich wollte schon immer etwas Nachhaltiges mit Substanz aufbauen."

Die fehlende Praxiserfahrung sammelte Alexander Lakemeyer 2011 bei seinem Berufseinstieg als Assistent der Geschäftsführung eines mittelständischen Kunststoffherstellers. Hier erhielt er als Verantwortlicher für Vertrieb und Controlling einen tiefgehenden Einblick in die Verfahrenstechnik der Kunststoffindustrie. So konnte Alexander Lakemeyer Schwachstellen eines spezifischen Fertigungsprozesses identifizieren und nutzte diese Chance, um sich selbstständig zu machen. Er kündigte seinen Job und gründete 2012 die LAKEMEYER EXTRUSION GmbH. Mit seinem ersten Unternehmen belieferte Alexander und sein Team Kunden/innen aus der Automobilindustrie mit Kunststoffprofilen, die in einem speziellen Inline-Fertigungsverfahren hergestellt wurden.

Letztendlich folgte der Gründung seines ersten Unternehmens die spätere Gründung der PINPOOLS GmbH. Als Geschäftsführer der LAKEMEYER EXTRUSION GmbH empfand Alexander Lakemeyer den Prozess der Rohstoffbeschaffung in der Plastik- und Chemieindustrie als mühsam und zeitaufwendig. Zum einen gibt es viele Großkonzerne und Nischenhersteller mit einer individuellen Produktpalette. Zum anderen variieren die stark volatilen Rohstoffpreise, sodass die potenziellen Einkäufer/innen die Preise für die gewünschte Menge bei den einzelnen Lieferanten/innen anfragen müssen. Außerdem ist die Angebotsnachfrage nicht standardisiert, was dazu führt, dass zahlreiche Telefonate, E-Mails, Faxe und Briefe erforderlich sind. Um diesen Prozess schneller und effizienter abzuwickeln, kam Alexander die Idee, eine digitale, unabhängige Plattform zu initiieren, auf welcher Einkäufer/innen und Lieferanten/innen zielgerichtet verbunden werden können und ein Netzwerk aus Unternehmen der Chemieindustrie entsteht. Die Idee für die PINPOOLS GmbH war geboren. Da das neue Geschäftsmodell zu weit von demjenigen seines ersten Unternehmens entfernt war, entschloss sich Alexander, ein zweites zu gründen. Als potenziellen Mitgründer wollte Alexander unbedingt seinen jüngeren Bruder von seinem Plan überzeugen.

Heribert Lakemeyer studierte International Business an der Universität Paderborn mit dem Schwerpunkt Finanzen und Controlling. Nach seinem Bachelorabschluss arbeitete er für ein Jahr in Vollzeit bei einer Unternehmensberatung in Düsseldorf, in der er auch während seines anschließenden Masterstudiums noch in Teilzeit blieb. Heribert konnte sich ebenfalls schon immer vorstellen, ein Unternehmen zu gründen, weswegen er Alexander bereits zuvor beim Aufbau der LAKEMEYER EXTRUSION GmbH unterstützt hatte.

Auf einer gemeinsamen Rucksackreise durch Südamerika im Oktober 2015 erzählte Alexander von seinem Plan, eine digitale B2B-Plattform für die Chemieindustrie zu entwickeln, und fragte Heribert, ob er das Unternehmen als zukünftiger COO mitgründen möchte: „Als frischer Uniabsolvent mit noch relativ begrenzter Praxiserfahrung war ich natürlich etwas überrumpelt. Aber ich habe ohne groß nachzudenken zugesagt. Durch Alexander und meine eigenen Erfahrungen in der Unternehmensberatung wusste ich was für ein Potenzial in der Digitalisierung der Chemieindustrie steckt. Außerdem sind Alexander und ich gemeinsam aufgewachsen und haben schon zusammen für sein erstes Unternehmen gearbeitet. Wir vertrauen uns blind."

Noch während ihrer Südamerikareise begannen die Brüder Lakemeyer mit der Erarbeitung von Strategie und Konzeption für die PINPOOLS GmbH. Die offizielle Gründung des Unternehmens erfolgte im April 2016 in Düsseldorf. Kurz darauf gingen die beiden Gründer für ein halbes Jahr nach Berlin, um die Start-up-Szene dort kennenzulernen. Heribert erinnert sich: „Wir kamen sehr aus dem analogen Bereich, eine Maschine hinstellen, zu produzieren, an einem Ende der Maschine Rohstoffe hineinkippen, auf der anderen kommt etwas heraus, um das dann zu verkaufen. Sehr analog. Und dann, für ein digitales Business brauchst du was Anderes. Musst Entwickler finden, dich mit anderen Unternehmen austauschen, die schon viel Erfahrung in der digitalen Welt haben." Alexander und Heribert knüpften daher Kontakte zu Entwicklern in Berlin und konnten so erste Mitarbeiter/innen einstellen.

Dennoch war es keine Option für die Gründer, in Berlin zu bleiben, da der Standort Düsseldorf für sie wesentlich mehr Vorteile bot, wie Heribert ausführt: „Hier sitzt die Industrie. Also unsere Kunden sitzen hier in der Nähe. Das sind Händler, zum anderen große Konzerne im Rheinland und Ruhrpott. Klar, und in Süddeutschland sitzen ein paar Kunden. Im Frankfurter Raum ein paar und in Ostwestfalen. Aber das ist alles in der Nähe, näher als in Berlin. In Berlin waren wir vorher eher, um die Start-up-Szene kennenzulernen. Da haben wir das gemerkt: Hier sitzt ja niemand. Wir müssen für Kundenbesuche immer quer durch Deutschland fahren. Und vor allem im B2B gehört Persönlichkeit dazu. Du musst die Menschen sehen. Du triffst dich mit denen." Seit Anfang 2017 sind die beiden Gründer mit ihrem Team in einem eigenen Büro im Coworking Space Factory Campus in der Erkrather Straße. Hier arbeiten sie gemeinsam an ihrer Vision: der Digitalisierung der Beschaffungs- und Lieferprozesse in der chemischen Industrie. Bisher können sie auf eine erfolgreiche Gründungsphase mit einem stetigen Mitarbeiter- und Umsatzwachstum und vielen gemeisterten Herausforderungen zurückblicken.

Gegensätze vereinen

Nach der Gründungsphase war für die Brüder Lakemeyer eine der größten Herausforderungen, wie sie die bereits aufgebauten Kompetenzen ihres Unternehmens effizient nutzen und es flexibel weiterentwickeln konnten. Im organisationalen Kontext spricht man bei der Balance zwischen Effizienz und Flexibilität von „organisationaler Ambidextrie", also der Fähigkeit, Bestehendes ausnutzen zu können (Exploitation) und gleichzeitig Neues zu erkunden (Exploration). Die Exploitation beinhaltet eine klare Zielorientierung, eine Fokussierung auf Effektivität und die Vermeidung von Risiken und Fehlern. Demgegenüber besteht die Exploration aus dem Experimentieren mit dem Unbekannten, der Ausarbeitung von unkonventionellen Ideen oder das bewusste Eingehen von Risiken.[4]

Studien zeigen, dass Unternehmen, welche diese beiden vermeintlich gegensätzlichen Geschäftsaktivitäten erfolgreich integrieren, eine höhere Innovationsleistung aufweisen als Unternehmen, die sich langfristig auf nur eine der beiden Geschäftsaktivitäten konzentrieren. Außerdem fanden Forscher heraus, dass

---

4 Vgl. March, J. G. (1991). Exploration and Exploitation in Organizational Learning. *Organization Science*, 2 (1), S. 71–87.

Unternehmen mit organisationaler Ambidextrie höhere Wachstumsraten und eine gesteigerte Unternehmensleistung aufweisen.[5] Die Nutzung aufgebauter Kompetenzen, also die Exploitation, kommt beispielsweise im Tagesgeschäft bei der Implementierung von effizienten operativen Prozessen im Kundenservice, einer funktionierenden Kundenakquise oder der Verbesserung bestehender Produkte zum Tragen. Demgegenüber gehören zur Weiterentwicklung des Unternehmens, also der Exploration, beispielsweise die Formulierung der Strategie, die Entwicklung neuer technischer Innovationen, der Aufbau von strategischen Partnerschaften oder die Expansion in neue Märkte.

Heribert Lakemeyer erinnert sich, wie sie in der Anfangsphase mit der Integration dieser gegensätzlichen Geschäftsaktivitäten umgegangen sind: „Anfangs bestand das Unternehmen ja nur aus Alex, mir und einer Idee. Also haben wir uns zuerst darum gekümmert, dass unsere Idee auch umgesetzt bzw. entwickelt wird. Als wir dann ein funktionierendes Produkt hatten, kam auf einmal ganz viel im Tagesgeschäft dazu, Kundenservice, Kundenakquise usw. Da haben wir beide alles irgendwie gleichzeitig gemacht, aber uns erst mal auf das Operative fokussiert. Manchmal haben wir uns aber auch ganz bewusst ein paar Stunden genommen, um über den Tellerrand zu schauen und unsere Vision nicht aus den Augen zu verlieren."

Die Gründer haben dementsprechend die beiden gegensätzlichen Geschäftsaktivitäten des Tagesgeschäfts und der konzeptionellen Weiterentwicklung ihrer Unternehmung zeitlich getrennt. Während sie sich in der Gründungsphase auf die Umsetzung ihres Geschäftsmodells, also der Exploitation der Organisation, konzentrierten, fokussierten sie sich in der anschließenden Phase mithilfe von Kundenfeedbacks auf die konzeptionelle Ausrichtung und die Weiterentwicklung ihrer Organisation, der Exploration. Dieses Hin- und Herschwanken zwischen Exploitation und Exploration ermöglichte es den beiden Unternehmern, ihre begrenzten Ressourcen in der jeweiligen Gründungsphase bestmöglich einzusetzen. Mit dieser Art der organisationalen Ambidextrie werden die Geschäftsaktivitäten, die auf die Ausbalancierung von Exploitation und Exploration abzielen, zeitlich voneinander getrennt. Dabei wechseln sich meistens lange Phasen der Fokussierung auf die organisationale Effizienz mit kurzen, aber sehr intensiven Phasen der Erforschung und konzeptionellen Weiterentwicklung der Organisation ab.[6]

Ein Nachteil der zeitlichen Trennung der Bearbeitung der verschiedenen Geschäftsaktivitäten besteht darin, dass die Gründer nach ihrer Intuition entschei-

---

5 Vgl. Raisch, S. und Birkinshaw, J. (2008). Organizational Ambidexterity. Antecedents, Outcomes, and Moderators. *Journal of Management*, 34 (3), S. 375–409.
6 Vgl. Gupta, A. K., Smith, K. G., und Shalley, C. E. (2006). *The* Interplay between Exploration and Exploitation. *Academy of Management Journal*, 49 (4), S. 693–706.

den müssen, wann sie sich um welche Aufgaben kümmern sollten. Daher fehlt eine klare Aufteilung der Verantwortlichkeiten und eine definierte Organisationsstruktur, die eine zielgerichtete Umsetzung der Vision und Strategie der Unternehmung ermöglicht.

Die Kunst, zu delegieren

Mit der stetig steigenden Anzahl von Mitarbeiter/innen, dem Umsatzwachstum, der zunehmenden Professionalisierung und der größeren Komplexität ihres Start-ups stellten sich Alexander und Heribert Lakemeyer die Frage, wie sie es nach der Gründungsphase für eine erfolgreiche Zukunft organisieren und ausrichten müssen. Die Einstellung von Mitarbeitern/innen stellt in der jungen Geschichte eines jeden Start-ups das größte Ereignis im organisationalen Wandel dar. Auch die Brüder standen nun vor der Frage, wie sie die Arbeitsabläufe organisieren und ihre Mitarbeiter/innen führen sollten. Während sie in der Gründungsphase noch alles selbst bearbeitet hatten, konnten sie nun Aufgaben delegieren.

Alexander Lakemeyer erinnert sich, wie sie ihre ersten Delegationsentscheidungen trafen: „Das stellt man sich immer so trivial vor, aber wenn man dann das erste Mal entscheiden muss, welche Aufgaben man an Mitarbeiter abgeben möchte [...], da muss man schon drüber nachdenken. Klar, bei manchen Dingen brauchten wir zusätzliche Kompetenzen wie zum Beispiel bei der Entwicklung des Produkts. Solche Sachen haben wir dann an Experten abgegeben. Im Gegensatz dazu können wir aber auch manche Aufgaben unheimlich gut. Und das geben wir dann natürlich nicht so gerne ab. Aber manchmal hat man einfach nicht genügend Zeit, um alle Aufgaben, die wir gut können und gerne machen, zu behalten. Dann wird auch das delegiert. Und das ist auch kein Problem, weil bei uns ausschließlich Topleute dabei sind!"

Demzufolge entschieden sich Alexander und Heribert Lakemeyer anhand ihrer Kompetenz und Leidenschaft für bestimmte Aufgabenbereiche, was sie delegieren wollten und was nicht. Sie unterschieden vier Fälle:

1. Wenig Kompetenz, wenig Leidenschaft:
    Sofern die erforderlichen Ressourcen vorhanden waren, delegierten die Gründer zuerst Aufgaben, für die sie eine geringe Kompetenz und Leidenschaft hatten, an erfahrene Experten/Expertinnen.
2. Hohe Kompetenz, wenig Leidenschaft:
    Hierzu zählten die Gründer Aufgaben, welche sie zwar nicht mochten, aber inhaltlich gut bearbeiten konnten. Dennoch könnten diese Aufgaben als lästig und kraftraubend gelten.

3. Wenig Kompetenz, hohe Leidenschaft:
   Das waren Aufgaben, welche die Gründer sehr gerne selbst bearbeiten wollten, obwohl sie nur eine geringe Kompetenz dafür besaßen. Waren diese Aufgaben wichtig genug und ließ es die Zeit und Energie der Gründer zu, konnten sie die nötigen Kompetenzen mithilfe von Trainings über einen längeren Zeitraum aufbauen.
4. Hohe Kompetenz, hohe Leidenschaft:
   Hierzu zählten Aufgaben, welche die Gründer sehr gut und gerne bearbeiten wollten. Dazu gehörten solche, welche die Gründer motivieren und üblicherweise den meisten Wert für die Unternehmung schaffen. Diese Aufgaben wollten sie nur unter großem Zeitdruck delegieren.

Da mit der Einstellung ihrer ersten Mitarbeiter/innen die Komplexität der Organisation im Unternehmen stieg, mussten die Gründer eine Lösung für die Bearbeitung von exploitativen und explorativen Aktivitäten finden.

Die Arbeitsaufteilung der Gründer als Vorstufe zur strukturellen Ambidextrie

Daher entschlossen sich Alexander und Heribert Lakemeyer dazu, eine klare Organisationsstruktur zu etablieren, wie Heribert ausführt: „Formell war Alexander von Anfang an CEO und ich COO. Aber im Prinzip haben wir in der Anfangsphase alles gleichzeitig gemacht [...]. Mädchen für alles, vor allem operativ. Mit unseren ersten Mitarbeitern haben wir dann eine Struktur eingeführt. Allein schon, damit unsere Mitarbeiter wissen, wer von uns für die einzelnen Themen der Ansprechpartner ist. Ich bin als COO für das Operative zuständig, also ich kümmere mich darum, dass das Produkt funktioniert und weiterentwickelt wird, bin Ansprechpartner für unseren Kundenservice usw. Alexander kümmert sich als CEO eher um strategische Themen, wie zum Beispiel den Aufbau von Partnerschaften und den strategischen Vertrieb. Aber auch Alex kümmert sich hier und da um operative Themen, wie zum Beispiel Finanzen und Buchhaltung."

Alexander Lakemeyers Fokussierung auf Strategie und Weiterentwicklung des Unternehmens und Heribert Lakemeyers Konzentration auf das operative Tagesgeschäft und das Produkt war ein erster Schritt zur strukturellen Ambidextrie. Bei ihr werden exploitative und explorative Aktivitäten strukturell getrennt und erfolgen in unterschiedlichen Geschäftseinheiten. Dadurch beschäftigt sich die Organisation gleichzeitig mit der Verbesserung der Effizienz als auch der Weiterentwicklung des Unternehmens. Ein Vorteil der strukturellen Ambidextrie besteht darin, dass Initiativen in Projektteams zielgerichtet organisiert werden können und die individuellen Mitarbeiter/innen ihre Stärken der Exploitation oder Exploration dementsprechend vollständig ausnutzen. Ein Nachteil ist hingegen, dass die Geschäftseinheiten relativ unabhängig voneinander arbeiten und auf eine effiziente Kommunikation miteinander angewiesen sind. Ohne eine funktionierende Kommunikation können nur schwer Synergien zwischen den Geschäftseinheiten genutzt werden. So ist es einerseits beispielsweise denkbar, dass einem Projektteam der Geschäftseinheit, die sich mit der Exploration beschäftigt, gar nicht bekannt ist, welche konkreten Kompetenzen in einem spezifischen Bereich der Organisation bereits vorliegen. Andererseits könnten Mitarbeiter/innen der Exploitation Informationen, welche für die Exploration neuer Geschäftsbereiche wichtig wäre, falsch interpretieren und es versäumen, diese an die mit Exploration beschäftigten Mitarbeiter/innen weiterzuleiten.

Im Fall der Organisation der PINPOOLS GmbH können Schwierigkeiten in der Kommunikation aufgrund der geringen Unternehmensgröße vernachlässigt werden. Außerdem handelt es sich hier per Definitionem nicht um eine strukturelle Ambidextrie, da Exploitation und Exploration nicht in verschiedenen Geschäftseinheiten gebündelt sind, sondern eine klare Aufgabenteilung zwischen den Gründern erfolgt. Dennoch kann die Aufgabenteilung mit Alexander Lakemeyer als CEO, der sich hauptsächlich mit der strategischen Weiterentwicklung und somit der Exploration beschäftigt, und Heribert Lakemeyer, der sich auf ein effizientes Tagesgeschäft und dementsprechend auf die Exploitation vorhandener Kompetenzen fokussiert, als Vorläufer einer struktureller Ambidextrie interpretiert werden.

Gründer als ambidextere Individuen

Neben der zuvor behandelten temporalen und strukturellen Ambidextrie existiert die kontextabhängige Form der organisationalen Ambidextrie. Die kontextabhängige Ambidextrie zeichnet sich dadurch aus, dass individuelle Mitarbeiter/innen im entsprechenden Unternehmenskontext Aufgaben der organisationalen Effizienz und des Experimentierens mit Neuem eigenständig bearbeiten können und dadurch exploitative und explorative Aktivitäten integrieren. Dabei können sie die Grenzen ihres Jobs überschreiten und Möglichkeiten suchen, um ihre Gedanken und Ergebnisse mit anderen Initiativen zu kombinieren, oder als Multitasker intuitiv zwischen exploitativen und explorativen Aktivitäten wechseln.

Wie in den beiden vorherigen Zitaten deutlich wurde, agieren Alexander und Heribert Lakemeyer in ihrem Unternehmen als ambidextere Individuen. Die Aussagen, dass sie sich zum Beispiel als „Mädchen für alles" sehen und „irgendwie

alles gleichzeitig" machen, lassen darauf schließen, dass sich die beiden Gründer dynamisch zwischen exploitativen und explorativen Aktivitäten hin- und her-
bewegen. Dabei setzen sie allerdings verschiedene Schwerpunkte: Alexander beschäftigt sich als CEO vorwiegend mit explorativen Aktivitäten, wohingegen Heribert als COO exploitative Aktivitäten im Tagesgeschäft übernimmt. Dennoch ist
auch hier nochmals eine Differenzierung notwendig. Obwohl Alexander sich auf
die Weiterentwicklung konzentriert, bearbeitet er ebenfalls Aufgaben aus dem Tagesgeschäft, zum Beispiel die Buchhaltung, wohingegen sich Heribert als COO
zudem mit explorativen Aufgaben wie beispielsweise der Weiterentwicklung des
Produkts beschäftigt.

Demzufolge kombinieren die Gründer der PINPOOLS GmbH temporale, strukturelle und kontextabhängige Charakteristika der organisationalen Ambidextrie.
Dabei gelingt es ihnen, eine Organisation aufzubauen, die klare Verantwortlichkeiten für Exploitation und Exploration definiert und infolgedessen eine effiziente
Arbeitsteilung ermöglicht. Zusätzlich arbeiten die Brüder sehr eng zusammen und
identifizieren so durch die Verknüpfung ihrer unterschiedlichen Verantwortlichkeiten Synergien, die sowohl ein effizienteres Tagesgeschäft als auch die Weiterentwicklung des Unternehmens fördern. Sie agieren als ambidextere Individuen,
wobei sie aber durch ihre konkrete inhaltliche Schwerpunktsetzung zugleich klare Verantwortlichkeiten an ihre Mitarbeiter/innen kommunizieren.

Führungsbasierte Ambidextrie

Gleichzeitig ermutigen Alexander und Heribert Lakemeyer ihre Mitarbeiter/in-
nen, über die Grenzen ihres Aufgabenbereichs hinauszudenken und eigene Vorschläge einzubringen. Heribert erklärt: „Wir wären ja dumm, wenn wir nicht auf
unsere Mitarbeiter hören würden. Wir wissen nicht alles besser in unserem Unternehmen und sind froh, dass wir Mitarbeiter haben, die unsere Meinung auch
mal hinterfragen. Nur so können wir uns verbessern! Das kreative Potenzial unserer Mitarbeiter ist uns dabei unheimlich wichtig. Aber vor allem am Anfang
mussten wir unseren Mitarbeitern zeigen, dass wir uns freuen, wenn sie andere
Meinungen vertreten und eigene Vorschläge machen."

Demnach ermutigen die Brüder ihre Mitarbeiter/innen dazu, eigene Ideen
und Verbesserungsvorschläge sowohl bezüglich ihrer funktionalen Aufgaben als
auch der internen Organisation einzubringen. Sie sind davon überzeugt, dass
traditionelle Top-Down-Organisationsstrukturen Mitarbeiter/innen zu sehr limi-
tieren, da strenge Hierarchien ausschließlich auf eine formalisierte Leistungs-
erbringung abzielen. Stattdessen wollen sie ihre Mitarbeiter/innen durch flache
Hierarchien und die Übertragung von Verantwortung dazu motivieren, Wissen

zu teilen, neugierig zu sein (auch über ihren jeweiligen Arbeitsbereich hinaus), kreative Verbesserungsvorschläge zu formulieren und unternehmerisch zu denken. Dabei versuchen sie vor allem, ihre Mitarbeiter/innen im Operativen auch bei der Weiterentwicklung des Produkts und des Unternehmens einzubeziehen – sie möchten also, dass ihre Mitarbeiter/innen explorativ denken. So führen Alexander und Heribert Lakemeyer regelmäßige Mitarbeitergespräche, wo sie unter anderem folgende Fragen stellen: Wenn ihr die Arbeitsprozesse grundsätzlich neu aufsetzen könntet, was würde sich ändern? Wie müsste unser Produkt in ein bis drei Jahren aussehen, damit wir unseren Kunden den bestmöglichen Mehrwert bieten können? Was können wir als Gründer tun, um einen organisationalen Rahmen zu schaffen, damit ihr Bestleistungen bringt? Infolgedessen priorisieren die Brüder eine hohe Transparenz, lassen ihre Mitarbeiter/innen an strategischen Entscheidungen teilhaben und veranstalten regelmäßige Teamevents, um den Zusammenhalt zu stärken.

Kurz und bündig

Anekdoten zufolge brauche man nur eine gute Idee, um ein erfolgreiches Unternehmen aufzubauen. Dass zwischen der eigentlichen Idee, ihrer Umsetzung und dem folgenden Aufbau zahlreiche vielfältige Herausforderungen gemeistert werden müssen, wird dabei meist außer Acht gelassen. Dabei sind junge Unternehmer/innen nach der initialen Gründungsphase mit vielen verschiedenen Fragestellungen konfrontiert, zum Beispiel: Welche Aufgaben sollten an Mitarbeiter/innen delegiert werden? Für welche Aktivitäten sollten Gründer/innen ihre eigene Zeit und Energie aufwenden? Wie schaffen es Gründer/innen, effiziente Arbeitsabläufe im operativen Tagesgeschäft zu etablieren und gleichzeitig ihre Unternehmung strategisch weiterzuentwickeln? Wie können Unternehmer/innen die Kreativität ihrer Mitarbeiter/innen fördern?

Die Brüder Lakemeyer haben mit ihrem Start-up PINPOOLS GmbH nicht nur gezeigt, wie eine Geschäftsidee konsequent umgesetzt wird, sie konnten zusätzlich eine organisationale Struktur etablieren, die ein effizientes Tagesgeschäft und die Weiterentwicklung des Unternehmens ermöglicht. Die Integration dieser vermeintlich gegensätzlichen Kompetenzen ist vor allem in dem schnelllebigen Umfeld der Digitalisierung und der digitalen Plattformen erforderlich, da Wettbewerber diese Geschäftsmodelle mit wenig Kapital relativ einfach kopieren können. Demzufolge muss die PINPOOLS GmbH ihren Kunden/innen bereits heute einen einzigartigen und verlässlichen Service anbieten. Außerdem muss das Unternehmen sein bisheriges Geschäftsmodell weiterentwickeln und eine Strategie für zukünftige potenzielle Einnahmequellen ausarbeiten wie beispielsweise die Expansion in andere Märkte oder die Entwicklung neuer Produktfeatures.

Alexander und Heribert Lakemeyer haben nach einer turbulenten Gründungsphase einen Weg gefunden, die paradoxe Herausforderung der Integration von Exploitation und Exploration zu meistern. Aufgrund einer effektiven Arbeitsteilung können sie ihre Stärken nutzen: Alexander als CEO beschäftigt sich hauptsächlich mit der strategischen Weiterentwicklung, der Exploration des Unternehmens, während Heribert als COO für die operative Effizienz des Tagesgeschäfts, der Exploitation, zuständig ist. Die enge Zusammenarbeit und das große Vertrauen der beiden Gründer zueinander können so Synergien für den jeweiligen Geschäftsbereich identifizieren.

Zudem geben sie Vertrauen an ihre Mitarbeiter/innen weiter, indem sie sie ermutigen, eigene Ideen einzubringen und die Vorgehensweise der beiden Gründer regelmäßig zu hinterfragen. Demzufolge schafft es das Düsseldorfer Start-up PINPOOLS GmbH mit seiner Organisationsstruktur, die individuellen Stärken von allen Beteiligten zu fördern. Damit ist es bestens für das weitere Unternehmenswachstum aufgestellt.

The Bloke Ladenlokal (Bildnachweis: Annika Feuss Fotografie)

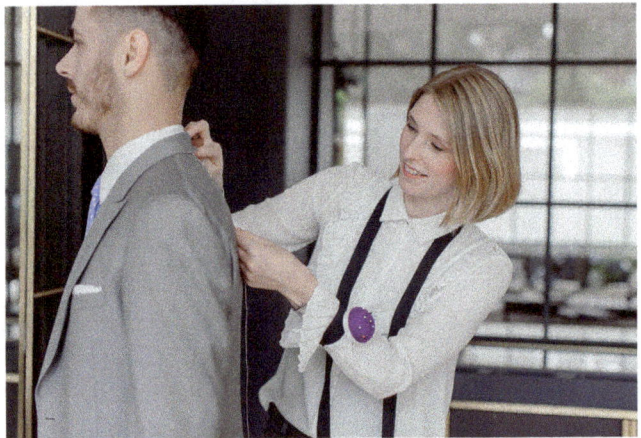

Die Gründerin von The Bloke – Anna Ullrich-Cattien
(Bildnachweis: Hanna Witte)

David Prinz

7 The Bloke – Fashion made in Düsseldorf

Schon Giorgio Armani stellte treffend fest: „Wenn ein Anzug auffällt, ist man schlecht angezogen." Das ändert ein junges Unternehmen in Düsseldorf namens The Bloke, ein Herrenausstatter der nach Maß anfertigt. Anpassungen erfolgen individuell auf den Kunden zugeschnitten. Man nimmt sich Zeit für Beratung, Auswahl und Perfektion. Doch auch nach einer erfolgreichen Gründung und Etablierung am Markt gibt es viel zu tun. Dann entsteht unweigerlich die Frage, ob eine Expansionsstrategie und wenn ja, welche sich für das Unternehmen lohnt. Soll es neue Wege explorativ ergründen oder soll es bestehende Strukturen exploitativ ausreizen? Welche Wege führen zu einem erfolgreichen Wachstum?

Der Name „The Bloke" bedeutet übersetzt so viel wie „Der Kerl". Der Stil des seit 2013 bestehenden kreativen Modelabels hebt sich von anderen Anbietern über seine Qualität und Individualität ab. Sein Fokus ist auf ein Must-have im Kleiderschrank eines Mannes gerichtet: den Anzug. Ganz gleich, ob im Beruf, zu gesellschaftlichen Anlässen oder auf der eigenen Hochzeit – einen gutsitzenden, schicken Anzug benötigt jeder Mann. Der Anzug ist, ob alternativ oder ganz allgemein, ein Symbol, das in westlichen Kulturen für Macht, Reichtum und Eleganz steht. Er kann viele verschiedene Formen haben und zeichnet sich durch eine Liebe zum Detail aus: von der Größe des Revers über die Anzahl der Taschen bis hin zum Material für die Herstellung der Knöpfe gilt eine besondere Aufmerksamkeit.

The Bloke versucht, sich insbesondere durch eine hohe Materialqualität sowie über einen umfassenden Service von anderen Wettbewerbern abzuheben. Das Ziel des Unternehmens ist es, für jeden Kunden das perfekte Outfit zu designen. Es gibt keine fertige Kollektion, die jemandem übergestülpt wird, jeder erhält genau das, was zu ihm passt. „Es gibt nicht den typischen The Bloke-Geschmack, sondern in der Beratung versuchen wir herauszufinden, was der Kunde will, welche Wünsche und Bedürfnisse er hat. Uns geht es darum, den persönlichen Geschmack des Kunden zu verstehen", sagt Gründerin Anna Ullrich-Cattien. „Für uns ist es wichtig, dass der Kunde hier reinkommt und ein gesamtes Einkaufserlebnis hat. Er bekommt hier seinen Kaffee, sein Feierabendbier und er soll sich wohlfühlen. Wir schaffen eine Atmosphäre, in der wir uns voll und ganz auf den Kunden und seine Wünsche konzentrieren können."

Dabei ist der finanzielle Sprung von einem Anzug „von der Stange" zu einem von The Bloke nicht so enorm groß, wie so mancher denken könnte. Ein maßgeschneidertes Modell kostet ab 700 Euro, der Kunde verlässt The Bloke mit einem durchschnittlichen Einkaufswert in Höhe von rund 1.000 Euro. Es werden keine

https://doi.org/10.1515/9783110663839-007

traditionellen Vollmaßanzüge angeboten, deren Preise auch 4.000 Euro betragen können, sondern ausschließlich Maßkonfektion. Als Basis dienen Grundschnitte, sogenannte Schlupfgrößen, die individuell angepasst werden. Für einen Vollmaßanzug wird der Kunde von Grund auf vermessen, dann fertigt ein Techniker eine Zeichnung an, anhand derer der Schnitt entworfen wird. The Bloke stützt sich hingegen auf einen bereits bestehenden Entwurf, der einschließlich Details an den jeweiligen Kunden angepasst wird. Die Anzüge schneidert das Unternehmen nicht selbst, sondern eine sorgfältig ausgewählte Näherei in Marokko. Die Palette der zur Auswahl angebotenen Anzugstoffe stellt The Bloke selbst zusammen und achtet dabei auf aktuelle Modetrends und eine ausgezeichnete Stoffqualität. Der Kunde hat die zwischen Stoffen aus Großbritannien oder Italien. Ein sehr hohes Servicelevel sowie individuelle Leistungen sind es also, die The Bloke von anderen Maßschneidern abheben. Es wird je nach Figur, Typ und Geschmack des Mannes beraten und angepasst – und das zu (fast) jeder Zeit!

Vom Herrenausstatter zum Maßkonfektionär

Herrenausstatter haben sich im 19. und 20. Jahrhundert als eine Spezialisierung von Schneidereien und Bekleidungsgeschäften etabliert. Während klassische Herrenausstatter gegenwärtig laut Branchenexperten[1] vom Niedergang bedroht sind, werden Maßschneidereien weiterhin nachgefragt. Eigenmarken, Service und Beratung sind hier die klassischen Erfolgsfaktoren, die dem stationären Handel immer wieder anempfohlen werden, um sich im Wettbewerb zu behaupten.

Die Maßkonfektion als eigenständiger Zweig ist jedoch ein relativ kleiner Markt. Branchenexperten schätzten den Anteil am deutschen Handelsumsatz mit Herrenbekleidung auf ca. 5 Prozent vom Gesamtvolumen von zuletzt 7,1 Milliarden Euro.[2] In Deutschland gibt es knapp 1.800 Maßschneider.[3] Der klassische Maßschneider nimmt bis zu 30 Maße pro Person, seine Arbeitszeit für einen Anzug beträgt bis zu 80 Stunden – der Anzug kann dann bis zu 3.500 Euro kosten. Die Maßkonfektion nutzt Schlupfgrößen wie „regular size" oder „slim fit" als Vorlage und verlagert die Näharbeiten ins Ausland. So geht auch The Bloke vor. Seit mehr als zehn Jahren ist diese Art von Maßkonfektion ein Trend: Fertige Schnitte

---

1 Vgl. Oess, M. (2017). Da maßte nix! So arbeitet die Branche. *FashionToday*, Ausgabe März 2017.
2 Vgl. Weishaupt, G. (2015). Messen, schneidern, kaufen. *Handelsblatt*, 30.09.2015 (188), S. 24.
3 Vgl. Weishaupt, G. (2015). Messen, schneidern, kaufen. *Handelsblatt*, 30.09.2015 (188), S. 24.

werden kundenindividuell angepasst und trotzdem zu Preisen ähnlich wie bei Anzügen „von der Stange" gefertigt.

Während sich in Nachbarländern wie Belgien und die Niederlande die Maß-konfektionäre in den Straßen aneinanderreihen, war zur Zeit der Gründung von The Bloke diese Art der Maßkonfektion in Deutschland nur vereinzelt in den großen Städten anzutreffen. Doch die Nische wächst nun auch hier. Neben dem seit fast 20 Jahren in Düsseldorf ansässigen Maßkonfektionär Cove expandierten Anbieter aus dem Süden Deutschlands wie DOLZER und KUHN nach Nordrhein-Westfalen. Europas Marktführer, die belgische SCABAL-Gruppe, meldet für ihr deutsches Tochterunternehmen Tailor Hoff in Saarbrücken ein Umsatzplus von 12 Prozent. DOLZER wächst ebenso wie The Bloke beständig im zweistelligen Prozentbereich.

Während der Markt für Damenmode sehr schnelllebig und dynamisch ist und sich Kollektionen in der Regel mehrfach im Jahr ändern, ist der Markt für Herren-konfektionäre im Vergleich relativ stabil. Der durchschnittliche Businesskunde kauft drei bis vier Anzüge pro Jahr. Diese werden in der Regel nicht „aufgetragen", sondern ergänzend zu bestehenden Stücken gekauft. Entsprechend wenig dyna-misch sind auch die Modetrends in diesem Bereich. „Umso wichtiger ist es, dass man Trends im Blick behält, die Schnitte modernisiert und sich anpasst an dem, was jetzt modern ist. Der trendbewusste Kunde erwartet natürlich insbesonde-re von einem Maßkonfektionär, dass er die neuen Details und Schnitte umsetzen kann.", so die Gründerin von The Bloke.

Mittlerweile wird der Trend in Deutschland und insbesondere in der Mode-stadt Düsseldorf immer beliebter. Traditionsunternehmen wie Cove, die seit 1990 in der Maßkonfektion tätig sind und ihren Hauptsitz nach Düsseldorf verlegt ha-ben, sind nicht nur mittlerweile deutschlandweit in Filialen vertreten, sondern entwickeln zudem neue Label. Sons of Savile Row beispielsweise möchte insbe-sondere eine jüngere Kundschaft gewinnen. Sogar Kaufhausketten folgen dem Trend. Während HUGO BOSS schon lange Zeit Maßanzüge anbietet, fertigt seit 2018 auch Peek & Cloppenburg Anzüge nach Maß an und stellt Kunden dafür ei-nen Stilberater zur Seite.

Aber auch unkonventionelle neue Wettbewerber spielen mit. Beispielswei-se kann man über die Plattform von tailorjack Maßanzüge automatisiert bestel-len. Der Kunde designt hier seinen eigenen Anzug, indem er seine Maße online eingibt. Die Fertigung erfolgt in Thailand von Hand. Unweit von The Bloke ent-fernt hat im Stadtzentrum Düsseldorfs das aus Paris stammende ATELIER NA sein zweites Geschäft in Deutschland eröffnet. Ein selbst entwickelter und patentier-ter Bodyscanner erspart das traditionelle Vermessen gänzlich. Für den Fall, dass Laser und Computer sich doch mal vertun sollten, sind in jedem Geschäft noch traditionelle Schneider anzutreffen, welche die Fehler kostenlos beheben. Kun-

denmaße und -profile sind in der Datenbank gespeichert und können für Folge-
einkäufe abgerufen werden, um erneute Vermessungen zu vermeiden. Passend
zum Trend der Maßkonfektion trat im August 2018 das japanische Start-up ZOZO
in den deutschen Markt ein. Hier erfolgt die Vermessung mittels komplexer 3-D-
Technologie per Smartphone. Auf dieser Basis werden dann Maßanzüge und andere Kleidungsstücke erstellt.

Selbst ist die Frau

Ullrich-Cattien stammt nicht in klassischer Weise aus einer Schneiderei oder dem
Design, sondern hat Betriebswirtschaft mit Schwerpunkt Marketing studiert. Sie
sammelte einige Jahre Erfahrungen in der Industrie. Dort war sie als Produkt-
managerin tätig und hat ihre Marketingkompetenzen ausbauen können, welche ihr
beim Aufbau der Marke The Bloke halfen. Gereift war die Idee aber schon lange vorher, nicht zuletzt inspiriert von ihrem Mann, der bei einem großen Mode-
hersteller tätig ist. Bis zur Gründung von The Bloke musste die Gründerin mit ihrem Mann in die Niederlande oder Belgien fahren, um Anzüge für ihn bei einem
Maßkonfektionär schneidern zu lassen. Da sich Ullrich-Cattien schon längere Zeit
überlegte, sich selbstständig zu machen, fasste sie den Entschluss, die Marktlü-
cke der Maßkonfektion in Düsseldorf zu schließen und The Bloke zu gründen.

Anfang 2013 arbeitete die Gründerin den Businessplan aus; finanziert wurde die Idee neben dem eingebrachten Eigenkapital lediglich mit einem Sparkas-
sen-Gründerkredit. Ihr erstes Ladengeschäft eröffnete sie im Dezember 2013 im
Stadtteil Pempelfort in einer ruhigen Seitenstraße. Laufkundschaft gibt es hier
kaum, viel Fluktuation ist jedoch im Gegensatz zu großen Modeketten auch nicht
gewünscht. Service ist ein Grundgedanke bei The Bloke, und dazu gehört die umfassende Beratung jedes Kunden. „Ich bezahle keine 1.000 Euro für einen Anzug,
wenn ich vorher eine Dreiviertelstunde auf der Couch gesessen habe, um zu warten bis ich überhaupt drankomme, und dann stehen neben mir zehn andere Leute.
Das ist ja auch was Emotionales! Wenn man sich einen Maßanzug machen lässt,
ist das etwas anderes, als wenn dir in der Umkleidekabine der Anzug gereicht
wird, du ziehst den an, der Verkäufer sagt ja, steht dir gut, und dann gehst du zur
Kasse. Das ist hier viel persönlicher. Der Schneider für den Mann ist wie der Frisör
für die Frau", beschreibt Ullrich-Cattien die Situation.

Obwohl die Düsseldorfer „Modestraßen" mit lang etablierten Unternehmen
wie DOLZER, KUHN, SUIT SUPPLY und großen Ketten wie breuninger in unmit-
telbarer Nähe liegen, kann Ullrich-Cattien über eine mangelnde Nachfrage nicht
klagen, denn ihr Konzept findet Anklang. Nach dem ersten Jahr sprach sich das
Angebot von The Bloke schnell herum, seitdem wächst die Anzahl der Kunden

pro Jahr durchschnittlich um mindestens 30 Prozent. Die zunehmende Bekanntheit entsteht also durch Mund-zu-Mund-Propaganda, aber auch durch eine durchdachte PR- und Marketingstrategie. Der Break-Even-Point war schnell erreicht, bereits im ersten Jahr nach der Gründung schrieb The Bloke operativ schwarze Zahlen.

Nach knapp fünf erfolgreichen Jahren am Standort Düsseldorf wagte The Bloke die Expansion und eröffnete ein neues Atelier in Köln. Mittlerweile umfasst das Team neben der Gründerin vier festangestellte Mitarbeiter/innen. Deren beruflicher Hintergrund ist ebenfalls vielfältig und reicht vom Designstudium über Modetechnik bis zur Schuhbranche. Wichtig für ihre Auswahl war der Hang zur Mode, insbesondere der „Fit" zum Unternehmen. Die Mitarbeiter/innen erhalten eine intensive Schulung über mindestens ein halbes Jahr. Ihre Zufriedenheit ist dabei ein Thema, welches Ullrich-Cattien besonders wichtig ist. Zum einen arbeiten gut gelaunte und wertgeschätzte Mitarbeiter/innen besser, zum anderen sind Service und Freundlichkeit wichtige Grundbausteine des Unternehmens. Alle Mitarbeiter/innen müssen diesen Servicegedanken mittragen.

Die Motivation für Ullrich-Cattien, aus einem gut bezahlten Marketingjob in der Industrie in die Selbstständigkeit zu wechseln, war der Wunsch, autonom entscheiden und tun zu können, was man will, wie man es will und wann man es umsetzen möchte. Obwohl sie sich als Sicherheitstyp beschreibt, störte sie am Angestelltendasein in einem internationalen Großkonzern mit Sitz in den USA der immer kleiner werdende Kompetenzbereich. Weltweite Entscheidungen fielen in der USA-Zentrale, dann entschied die Europazentrale für Deutschland, sodass Manager/innen hier nur noch Details entscheiden konnten. Jetzt hat Ullrich-Cattien den Freiraum, die Dinge zu tun, die sie möchte. „Und das genieße ich auch heute noch. Ich kann entscheiden, ob ich jetzt um 22 Uhr hier sitze oder um 7 Uhr morgens." Die Vielfalt und der Entscheidungsfreiraum begeistern sie auch noch nach fünf Jahren im eigenen Geschäft. Trotz der hohen Arbeitsbelastung beschreibt sich die Gründerin als harmonisch und ausgeglichen. Für den Ausgleich sorgen ihre Familie, viele Freizeitaktivitäten und Sport.

Spagat zwischen Etablierung und Wachstum

Kein junges Unternehmen entwickelt sich wie das andere, jedes formt im Laufe der Zeit seine eigene Kultur hinsichtlich der Dynamik, Prozesse und Regeln. Während in der Anfangsphase oft noch kreatives Chaos herrscht, nimmt der Reifegrad mit Erfolg und Alter des Unternehmens zu. Doch bei allen wachsenden Start-ups finden sich durchgehend ähnliche Phasen mit Krisen- und Bruchstellen. Sie hat der Ökonom Larry E. Greiner[4] in einem Modell zum Wachstum von Unternehmen zusammengefasst – mit ihren verschiedenen Lebenszyklen sowie Wendepunkten in der Entwicklung. Jede der Phasen endet jeweils in einer Krise, die dann wiederum den Übergang in die nächste Phase vorbereitet. Wachstum stellt ein Unternehmen früher oder später unter Druck, die Systeme, Prozesse und Funktionsweisen der neuen Größe anzupassen. Das Greiner-Modell beschreibt, wie die jeweilige Schwelle das Wachstum typischerweise hindert und wie sie überwunden werden kann. Daraus lassen sich charakteristische Merkmale für Entscheidungssituationen im Management ableiten. Die einzelnen Phasen des Wachstums sind in Abb. 7.1 zusammengefasst. Wie viele Modelle lässt sich auch dieses selten 1:1 auf die Praxis übertragen, dennoch treffen die Attribute der zweiten Phase am besten auf die derzeitige unternehmerische Situation von The Bloke zu. Da das Greiner-Modell für jede der Phasen vier bis fünf Jahre veranschlagt, ist es für das seit 2013 und damit knapp fünf Jahre bestehende Unternehmen zutreffend.

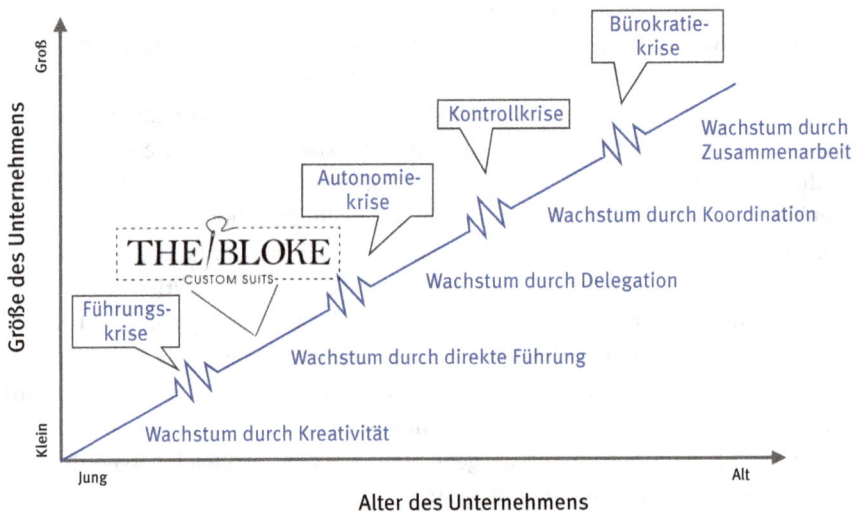

Abb. 7.1: Modell der Unternehmensentwicklung nach Greiner (Quelle: Greiner, L. E. (1997). Evolution and Revolution as Organizations Grow: A company's past has clues for management that are critical to future success. Family Business Review, 10(4), S. 397–409)

---

4 Vgl. Greiner, L. E. (1997). Evolution and Revolution as Organizations Grow: A company's past has clues for management that are critical to future success. *Family Business Review*, 10(4), S. 397–409.

Die erste ist die Kreativitätsphase: Gründerin und Geschäftsidee standen hier im Mittelpunkt. Sie setzte alles daran, ihre Idee umzusetzen und entwickelte ein Unternehmenskonzept. The Bloke entstand mit einem minimalen Budget und in Eigenarbeit. Anfangs hatte Ullrich-Cattien den Aufbau allein geleitet und umgesetzt – von Prozessen der Designauswahl bis hin zur Kundenberatung. Sie kommunizierte das neue Unternehmen innerhalb des eigenen Netzwerkes, nahm erste regionale PR-Aktivitäten auf und bespielte ihre Social Media Kanäle. Als sie die ersten Mitarbeiter/innen einstellte, war sie keine distanzierte Managerin, sondern operativ eingebunden. Ihr Interesse galt dem Produkt und den Dienstleistungen, Steuerungs- oder Qualitätssysteme waren noch nicht etabliert. Das Wachstum erfolgte vor allem durch die Kreativität und den hohen persönlichen Einsatz der Gründerin und der ersten Mitarbeiter/innen. Die Kommunikation war informell, Gründerin und Mitarbeiter konnten Entscheidungen in spontanen Diskussionen anpassen. Im Unternehmen herrschte häufig ein kreatives Chaos. Das hochdynamische Zusammenspiel gerät am Ende der ersten Phase an seine Grenzen, so Greiner. Es kann seinem Modell zufolge zu einer Führungskrise kommen. Diese lässt sich mit dem Aufbau von Managementkompetenzen überwinden. Das hat Ullrich-Cattien bereits erfolgreich gemeistert. Ihr betriebswirtschaftlicher Hintergrund, die gesammelte Erfahrung in der Industrie sowie ihre Nähe zu den Mitarbeitern/innen trugen dazu in erheblichem Maße bei. Sie etablierte erste Strukturen und teilte Aufgaben ein.

Dann folgt laut Greiners Modell die Steuerungsphase: Es geht um die Ausrichtung und die funktionale Struktur des Unternehmens. Es gibt zunehmend festgelegte Abläufe und Spezialisierungen von Mitarbeitern/innen. Aufgrund der Hierarchie wird die Kommunikation formaler. Die Expansion von The Bloke in Form eines zweiten Standorts in Köln weist hier erste Ansätze in die Richtung der Steuerungsphase auf. Eine Krise entsteht, wenn das Wachstum die Motivation der Mitarbeiter/innen beispielsweise aufgrund mangelnder Autonomie in Mitleidenschaft zieht. Das ist ein wichtiges Thema für Ullrich-Cattien: „Je größer wir werden, desto größer wird auch die Herausforderung, alles im Blick zu behalten. Also zu koordinieren und ein Gespür dafür zu behalten, dass die Mitarbeiter und Kunden zufrieden sind" Sie leitet beide Standorte von The Bloke, was aufgrund der geografischen Nähe der beiden Städte am Rhein gut funktioniert. Bei weiteren Standorten, die entfernter vom Hauptsitz lägen, wäre es für die Gründerin schwieriger, diese ebenfalls zu leiten. Dann wäre ein verstärktes Delegieren erforderlich, das den potenziellen Übergang in die dritte Phase einleitete: die Delegationsphase. Obschon erste Strukturen erkennbar sind, macht bei The Bloke jeder noch etwas von allem. Doch Prozesse werden jetzt schon zunehmend komplexer, und wenn das Wachstum weiter wie bislang vorangeht, werden neue Strukturen erforderlich sein und Teilbereiche als Abteilung abgegeben werden müssen.

The Bloke strebt im Rahmen des beschriebenen Phasenmodells grundsätzlich zwar Wachstum an und befindet sich in der Phase des weiteren Aufbaus. Dennoch ist es eine Herausforderung, auch die bestehenden Strukturen zu leiten und für interne Koordination sowie Sachverständnis zu sorgen. Wachstum auf Kosten einer regionalen Etablierung und internen Stabilität an bestehenden Standorten muss vermieden werden.

Innovationen als Treiber für nachhaltiges Wachstum

Dennoch kann ein Unternehmen selbst in den frühen Phasen seiner Entwicklung nicht auf Wachstum verzichten. Bei einer Expansion müssen Gründer/innen vor allem lernen, die unterschiedlichen Standorte zu verwalten sowie Flexibilität und Startkenntnisse zu bewahren, die zu ihrem ersten Erfolg geführt haben.

Einer der Schlüssel zum Erfolg eines Unternehmens, unabhängig von seiner Größe, ist Innovation. Die Entwicklung neuer Ideen ist der Motor, der Unternehmen auf dem neuesten Stand hält und sie wettbewerbsfähiger macht. Laut einer Studie von PwC glauben 93 Prozent der Führungskräfte, dass organisches Wachstum durch Innovation den größten Teil ihres Umsatzwachstums ausmacht.[5]

Bei kleinen Unternehmen besteht häufig das Missverständnis, Innovation sei nur größeren Unternehmen vorbehalten. Doch das ist weit verfehlt wie Richard Branson erklärt: „Kleine Unternehmen sind wendiger und mutiger und können größeren Unternehmen oft einiges über Innovationen beibringen, die ganze Branchen verändern können."[6] Die Kleinen können zudem Ideen schneller umsetzen und einfacher anpassen als die Großen auf Konzernebene. Sie müssen nicht Monate oder Jahre damit verbringen, neue Ideen zu bewerten oder jedes kleine Detail über mehrere Abteilungen hinweg abzusprechen.

Mit anderen Worten: Für kleine Unternehmen bestehen weniger Hürden, wenn es um Unternehmensinnovation geht. Sie können neue Ideen schnell entwickeln und umsetzen. Daher entsteht eine Kultur, die jeden ermutigt, sich zu engagieren. So ist auch The Bloke entstanden und gewachsen. Doch seit der Gründung 2013 hat sich auf dem Düsseldorfer Markt einiges getan: Es sind viele neue Wettbewerber hinzugekommen – seien es eher traditionelle Anbieter wie die Kaufhauskette Peek & Cloppenburg, die seit 2017 Maßkonfektion inklusive Stilberatung anbietet, oder jüngere, die auf neue Technologien wie 3-D-Scanning

---

5 Vgl. pwc (2018), verfügbar unter: https://www.pwc.com/im/en/assets/document/ unleashing_the_power_of_innovation.pdf.
6 Vgl. Virgin Group Holdings Limited (2014), verfügbar unter https://www.virgin.com/ entrepreneur/start-ups-join-richard-branson-for-30-year-brainstorm.

setzen. Die bevorstehenden Aufgaben sind Etablierung und weiteres Wachstum in der beliebter werdenden Marktnische, um auch in Zukunft wettbewerbsfähig zu bleiben.

Als Lösung für ein solides Wachstum gilt es häufig, einen Ausgleich dafür zu finden, wie man auf der einen Seite bestehendes Wissen und Kompetenzen weiterhin nutzt und ausbaut, aber auf der anderen Seite auch neue Wege für eine flexible Weiterentwicklung zu gehen. Die Managementliteratur unterscheidet dabei zwischen exploitativen und explorativen Strategien, also ob vorhandene Ressourcen und Erfolgsrezepte ausgeschöpft (Exploitation) oder neue Quellen für Wachstum erschlossen werden (Exploration). Exploitation heißt: bestehendes Wissen zu nutzen und Gutes besser zu machen. Inkrementelle Neuerungen sind hier das Ziel. Das bedeutet: kleine Änderungen an bestehenden Produkten und Dienstleistungen vorzunehmen, anstatt Produkte oder Dienstleistungen vollständig zu ändern. Effizienz und Verbesserung stehen im Vordergrund, Risiken sind dabei eingeschränkt, zumindest kurzfristig. Das langfristige Risiko besteht darin, durch zu wenige, eher kleine Innovationen nicht bestehen zu können. Exploration bedeutet: neue Ideen zu generieren und radikal zu innovieren. Es geht um die Suche nach und das Experimentieren mit völlig Neuem: Ideen oder Konzepten, die sich von den derzeit auf dem Markt befindlichen Produkten, Dienstleistungen oder Betrieben deutlich unterscheiden. Diese Suche kann kostspielig und risikoreich sein.[7]

Exploration und Exploitation als Abbild für Tradition und Moderne?

Im Fall der Maßkonfektion kann die Abwägung beider Strategien auch zwischen der Tradition und der Moderne erfolgen. Die ganz traditionelle Variante wäre das generationsübergreifende inhabergeführte Einzelatelier, das eine relativ geringe Anzahl erlesener Kunden hat, die kaum ausbaufähig ist. Ein Problem dieses Geschäftsmodells der Maßschneiderei ist, dass die Skalierbarkeit kaum gegeben ist und Skaleneffekte hier nicht greifen. Ob nun einer oder 50 Anzüge gefertigt werden – die Stückkosten sind gleich hoch. Zudem sind Anzüge zu einem Preis ab 3.000 Euro nur für einen eher kleinen Kundenkreis interessant. Die radikale Form des Modernen entspricht dem japanische Start-up ZOZO, das seine Kunden nur noch über eine App vermisst. Ein weiteres Beispiel für die moderne Maßschnei-

---

7 Vgl. March, J. G. (1991). Exploration and exploitation in organizational learning. *Organization Science*, 2(1), S. 71–87.

derei ist das Hamburger Unternehmen tailorjack, das eine Anleitung zum Selbstvermessen zur Verfügung stellt, sodass Kunden lediglich ihre Maße online eintragen müssen. Diese Vorgehensweise macht das Businessmodell global skalierbar, individueller Service fehlt jedoch gänzlich.

Weder das ganz traditionelle noch das völlig moderne Geschäftsmodell entspricht dem von The Bloke und passt zu den Werten der Gründerin. The Bloke vermisst zwar noch von Hand, Anzüge werden aber nicht in-house hergestellt, sondern in Marokko. Ullrich-Cattien und ihr Team können sich somit vollständig auf die Leistungen im Atelier konzentrieren: „Wir bieten den Kunden eine Menge Service-Leistungen an. Die Kunden fühlen sich aktuell gut beraten und sehr wohl bei uns. Aber ist unser Angebot das was sie auch noch in Zukunft wollen?"

Neben der Produktqualität geht es bei The Bloke also hauptsächlich um einen umfassenden Service. Daher ist es für Ullrich-Cattien derzeit undenkbar, den sich in der Branche entwickelnden radikalen Neuerungen zu folgen. Zudem sieht sie bei derartigen Modellen einen Verlust des Einkaufserlebnisses und zweifelt an der Genauigkeit der Anfertigungen.

Dass das Rad – oder hier der Anzug – nicht neu erfunden werden muss, sondern lediglich verbessert werden sollte, um nachhaltiges Wachstum in dem Nischenmarkt zu erreichen, führen die eher traditionelleren Marktspieler vor. Ein Ansatz, der auf der exploitativen Strategie beruht, ist beispielsweise der des Wettbewerbers Cove. Er bietet neben Anzügen nach Maß einen Bügelservice und Dienstleistungen rund um den perfekten Businessanzug an. Das Produktsortiment wurde um das Angebot hochwertiger Schuhe erweitert, die das Anzuggeschäft gut ergänzen. Mittlerweile bietet er zudem Maßkleider für Damen an und hat seit einiger Zeit das Geschäftsfeld um einen Online-Bereich erweitert. Dort wird alles verkauft, was ohne vorheriges Vermessen geliefert werden kann. Zuletzt hat Cove zusätzlich zwei neue Labels ausgegründet, wovon das eine Maßanzüge für junge Leute und das andere Kleidung nach Maß für Damen herstellt. Auch DOLZER und KUHN verfolgen sehr ähnliche Ansätze und konzentrieren sich primär auf die geografische Expansion. Der Online-Handel mit Accessoires mache aktuell ca. 5 Prozent des Gesamtumsatzes aus, sagt der DOLZER-Alleininhaber. Er schätzt die Tendenz zum E-Commerce als eine steigende ein.[8]

---

8 Vgl. Müller, A. (2013). Die Meister der Maße: Maßgeschneiderte Business-Mode etabliert sich – und die Ansprüche der Kunden wachsen. *Handelsblatt*, 27.05.2013.

Exploitation als strategischer Erfolgsfaktor von The Bloke

Generell gilt, dass die Aufrechterhaltung eines angemessenen Gleichgewichts zwischen Exploration und Exploitation ein Hauptfaktor bei der Bestimmung von Wettbewerbsfähigkeit und Wohlstand von Unternehmen ist. Das ist jedoch nicht immer der Fall und insbesondere für Nischenanbieter nichtzutreffend. Studien besagen, dass vorwiegend für Nischenanbieter im Luxussegment der Erhalt und die Nutzung von bestehendem Wissen, also Exploitation, von höherer Bedeutung ist als eine Balance zwischen explorativen und exploitativen Ansätzen.[9]

Die Aussage, die Nutzung bestehenden Wissens spiele eine zentrale Rolle in dem Erhalt der Wettbewerbsfähigkeit, trifft auf The Bloke zu. Ein zentraler Vorteil des jungen Unternehmens besteht darin, genau zu wissen, was die Kunden sich von einem guten Anzug erhoffen und welchem Zweck er dient. Der persönliche Kontakt zu ihnen, das „Ablesen der Wünsche von den Augen", ermöglicht einen tieferen Einblick, als ein Scanner es jemals leisten kann, und sorgt für eine längerfristige Kundenbindung. Die Mischung von aktuellen Modetrends, Qualität und Einzigartigkeit im Stil sowie das Bestreben, der Kundennähe und der Kundenwertschätzung wieder eine übergeordnete Bedeutung zu geben, sorgen dafür, dass der Kunde nicht nur einen Anzug kauft, sondern zusätzlich das Gefühl hat, etwas Einzigartiges erhalten zu haben.

Hier spielt das bestehende Geschäftsmodell eine zentrale Rolle. Hinsichtlich der innovativen Ansätze, das Geschäftsmodell weiterzuentwickeln, ist der exploitative Ansatz tendenziell besser geeignet und entspricht eher den Wünschen der Gründerin, wie sie ihr Unternehmen führen möchte. The Bloke strebt nach Perfektion bei der Anfertigung und dem Service rund um Herrenanzüge, das heißt, diese Perfektion sollte bei der Erweiterung bestehender Service- und Produktkategorien im Vordergrund stehen. Hinterfragt man, in welchen Bereichen der exploitative Ansatz bei The Bloke greifen kann, so lässt sich die Gliederung grob in die Bereiche der Produkt- und Serviceebene einteilen sowie auf den Bereich marketingbasierter Fragestellungen erweitern.

Auf der Produktebene, also den Anzug und die Accessoires betreffend, ist sicher so bald keine radikale Veränderung im Sinne einer Produktinnovation zu erwarten. Der Kunde von The Bloke weiß, was er sich von einem Anzug wünscht, und Entsprechendes wird auch angefertigt. Für einen Maßkonfektionär ist es zudem wichtig, Neuerungen auf dem Modemarkt zu erkennen und aufzunehmen. Trends hinsichtlich Schnitte, Farbmuster und Stoffkombinationen müssen stets

---

9 Vgl. Cohendet, P. und Simon, L. (2015). Introduction to the special issue on creativity in innovation. *Technology Innovation Management Review*, 5(7).

bekannt und in aktuellen Angeboten wiederzufinden sein. Hier werden also auch im Sinne des exploitativen Ansatzes Trends im Rahmen kleiner Änderungen am bestehenden Grundprodukt, dem Maßanzug, eingearbeitet. Ebenfalls muss eine Beratung zu diesen Neuerungen angeboten werden, das heißt, das bestehende Wissen muss ebenfalls erweitert und ausgebaut werden.

Daher betreffen exploitative Produktänderungen auch unmittelbar die Serviceebene. Hier sollte nicht nur die Beratung die bestehenden Angebote ergänzen, Erweiterungen hinsichtlich der eigentlichen Services des Maßnehmens und Anpassens könnte es ebenfalls geben, beispielsweise im Rahmen von Hausbesuchen. Dabei handelt es sich nicht um radikale Veränderung, sondern nur um eine Reaktion auf aktuelle Trends, die zusätzlich zu der Frage nach der Qualität von Anzügen auch die des „Shoppings von zu Hause aus" aufgreifen.

Der exploitative Ansatz kann außerdem auf bestehende Marketingkonzepte angewendet werden. Wie im Rahmen der Standortwahl erläutert sollten zunächst regionale Kunden The Bloke besser kennenlernen. Dementsprechend können Social-Media-Aktionen ausgerichtet sein. Durch Kooperationen mit Bloggern, „Vloggern" oder Instagram kann das „traditionellere Geschäftsmodell" junge Kunden erreichen und so an regionaler Präsenz gewinnen. Explorative Ansätze sind hier weniger sinnvoll, da sich einige Social-Media-Konzepte bereits bewährt haben und sich der Trend der Nutzung und Sichtung solcher Angebote derzeit verstärkt. Ein tendenziell explorativerer Ansatz im Rahmen einer Marketingplanung wäre ein Rebranding. Er ist jedoch unter Berücksichtigung der noch frühen Phase (siehe Phasenmodell) des Unternehmens eher destruktiv, da die Marke The Bloke mit seinen Produkten und Dienstleistungen sich derzeit noch etabliert.

Anhand des bestehenden Geschäftsmodells und der strategischen Vorteile, die The Bloke aufweist, sind exploitative Innovationen für das Unternehmen von größerer Bedeutung.

Heißt Erfolg immer „neu"?

Die vorangegangenen Beschreibungen und Analysen haben gezeigt, dass viele Faktoren den Aufbau und Ausbau von Start-ups beeinflussen. Modelle wie solche, die Wachstumsphasen beschreiben, lassen sich zwar grundsätzlich auf junge Unternehmen anwenden, die Implikationen müssen jedoch immer im kontextuellen Rahmen betrachtet werden.

In der Literatur sind häufig Standpunkte zu finden, dass lediglich explorative Ansätze für wahre, nachhaltige Innovation sorgen. Doch The Bloke zeigt ein anderes Bild. Traditionelle Ideen werden hier mit einem hohen Servicegedanken und einer starken Kundenorientierung verfolgt, die gegen den aktuellen Trend wachsender Anonymität im E-Commerce antritt.

Welche Implikationen sind aus solchen Gegebenheiten zu ziehen? Sollte The Bloke in den Online-Handel investieren und mit dem Strom der digitalen Massen schwimmen oder weiter unter der Prämisse eines Nischenanbieters für Qualität in geringer Stückzahl stehen?

Ullrich-Cattien hat im Laufe der Jahre Erfahrungswerte hinsichtlich der Entwicklung ihres Unternehmens und der Anforderungen ihrer Kunden sammeln können. Dabei ist ihr immer wieder aufgefallen, dass insbesondere das individuelle Angebot und der persönliche Service in unserer schnelllebigen Gesellschaft eine Art „textile Pause" und eine Belohnung für den Kunden darstellen. „Wenn ich viel Geld für meinen Anzug bezahle, dann habe ich auch das Recht darauf, dass ich eine gute, zeitintensive Beratung bekomme", sagt die Gründerin treffend.

Der Wunsch des Kunden nach Beratung und Wertschätzung lässt sich heutzutage in wenigen Geschäften wiederfinden. Selbst Unternehmen wie HUGO BOSS, die grundsätzlich ähnlichen Tendenzen bei ihren Kunden entdecken konnten und dem Trend der Maßschneiderei folgen, sind sowohl in ihrem Ladenkonzept viel zu groß als auch stark von unternehmensinternen Vorgaben hinsichtlich der Stoffe und Schnitte beeinflusst. The Bloke bewegt sich stattdessen frei im Markt und ist weniger an Trends aus Mailand, Paris oder die Vorgaben der Geschäftsführung gebunden und kann individuell auf Kundenwünsche eingehen.

Dieser freiheitliche Gedanke zeigt sich sowohl im Tagesgeschäft von The Bloke als auch in seiner strategischen und innovativen Ausrichtung. Somit kann man dem Unternehmen nicht zwingend zu explorativen, neuen oder revolutionären Ansätzen raten, sondern muss auch hier seine Individualität betrachten und diesen zentralen Wettbewerbsvorteil über vielleicht weniger radikale Innovationsstrategien wie exploitative Ansätze erhalten.

Es gibt selbstverständlich einige Erfolgsfaktoren, die auch im Rahmen der Start-up-Forschung als Handlungsleitfaden in die Unternehmenskonzeption eingebracht werden können. Aber Ideen der Gründer/innen und ihre Passion spielen auch eine zentrale Rolle für den Erfolg. Flexibilität in der Unternehmensführung und im unternehmerischen Denken, Offenheit, Neugier und der Glaube an die eigene Idee spielen dabei für den wirtschaftlichen Erfolg teils eine wichtigere Rolle als die Analyse von Stückzahlen und die Verfolgung digitaler Trends.

Pascal Christiaens – Gründer und
Geschäftsführer der Volunteer
World GmbH (Bildnachweis:
Volunteer World GmbH)

Eva Alexandra Jakob und Lea Hansjürgen

8 Volunteer World GmbH – Schildkrötenretten als Business Case

Bildungsarmut, verschmutzte Meere, aussterbende Tierarten – die Liste von Problemen ist endlos. Viele Menschen sind von den Auswirkungen der Missstände direkt oder indirekt betroffen und möchten handeln. So interessieren sich jährlich mehrere Millionen Freiwillige dafür, selbst ein soziales oder ökologisches Projekt im Ausland zu unterstützen. Auf ihrer Suche nach dem passenden Engagement stoßen Interessenten auf unzählige Angebote für Freiwilligendienste im Ausland, die sich schwer miteinander vergleichen lassen. Die Anzahl der zivilgesellschaftlichen Organisationen beträgt weltweit schätzungsweise zehn Millionen[1], die Anzahl der vermittelten Freiwilligen vier Millionen pro Jahr.[2]

Das Unternehmen Volunteer World GmbH hat ein Problem für Freiwillige und Hilfsorganisationen erkannt: Freiwillige überfordert das weltweite Angebot, und Hilfsorganisationen suchen häufig vergeblich passende Freiwillige, um ihre Aktivitäten erfolgreich fortzuführen. Die Volunteer World GmbH bietet daher eine Online-Plattform an, die Freiwillige und Hilfsprogramme vernetzt. 2018 stellte diese Plattform eine Übersicht von über 1.400 Freiwilligendienstprogrammen in 81 Ländern zur Verfügung und verzeichnete über 27.000 registrierte Mitglieder.[3]

Anfangs stand die Volunteer World GmbH vor der Herausforderung, für die drei Zielgruppen Freiwillige, Hilfsorganisationen und Reiseagenturen ein passendes Geschäftsmodell zu erarbeiten, das die Entwicklung und Pflege einer professionellen Plattform ermöglicht. Die Besonderheit: Die Volunteer World GmbH sieht sich als Sozialunternehmen und hat das Ziel, ein ökonomisch tragbares, aber auch sozialförderliches Geschäftsmodell zu betreiben. Wie kann aber im Bereich Freiwilligendienst überhaupt ein Einkommensstrom entstehen? Wie wirkt sich die Kombination aus ökonomischen und sozialen Zielen auf das Unternehmensleben aus? Mit dem Airbnb-Einkommensmodell als Vorbild fand die Volunteer World GmbH schließlich Antworten auf diese Fragen.

---

1 Vgl. Nonprofit Aktion (o. J.), verfügbar unter http://nonprofitaction.org/2015/09/facts-and-stats-about-ngos-worldwide/.
2 Vgl. Volunteerworld (2016), verfügbar unter https://www.youtube.com/watch?v=SAP8SqBSvGA.
3 Vgl. Volunteerworld (o. J.), verfügbar unter https://www.volunteerworld.com.

https://doi.org/10.1515/9783110663839-008

Der fragmentierte Markt der Sinnsuchenden

Die Volunteer World GmbH versteht sich selbst als Teil der Tourismusbranche und dort zugehörig zum Jugend-, Sprach-, Bildungs- und Freiwilligentourismus. Drei Zielgruppen verbindet und bedient das Unternehmen über seine Plattform: Freiwillige, die sich zeitweilig im Ausland engagieren möchten, Hilfsorganisationen, die vorwiegend in Entwicklungsländern Unterstützer suchen, und Reiseagenturen, die Touren mit einem Aufenthalt bei einem Hilfsprojekt organisieren. Der Markt für die Vermittlung von Freiwilligendiensten ist sehr fragmentiert, da ihn unterschiedliche Anbieter aus den Bereichen Volunteering und Volunteer-Tourismus bestimmen.

Die Arbeit internationaler Organisationen wie den Vereinten Nationen oder Kooperationen von Kirchen, Sport- oder Jugendgruppen mit Organisationen in Entwicklungsländern ließ Volunteering oder auch Volunteerism[4] entstehen. Vorwiegend junge Menschen bringen sich für einen Zeitraum zwischen sechs und 24 Monaten bei einem Hilfsprojektprojekt im Ausland ein.[5] Ihr Engagement wird in Deutschland zum Beispiel durch die Einführung des „Freiwilligen Sozialen Jahrs" seit 2008 unterstützt. Allein der entwicklungspolitische Freiwilligendienst hat weltweit seit seiner Gründung 2007 über 30.000 Freiwillige an Projekte im Ausland vermittelt.[6] Verringerte Reisekosten, erhöhte Reiseerfahrung, der Wunsch nach Selbstverwirklichung und Benachteiligten zu helfen, trugen vermutlich dazu bei, dass sich Angebote zwischen dem klassische Freiwilligendienst und dem klassischen Tourismus unter dem Begriff „Volunteer Tourismus" entwickelten. Organisationen begannen, Programme anzubieten, die ein Reiseerlebnis mit einem freiwilligen Engagement in einem Hilfsprojekt verbinden.[7] Reisende haben so die Möglichkeit, Einheimische, Natur und Tiere näher kennenzulernen, als es im konventionellen Tourismus möglich ist. Dieser Zweig gemeinnütziger Organisationen und privatwirtschaftlich geführter Unternehmen hat sich inzwischen deutlich erweitert. Die professionelle Vermittlung und Gestaltung von internationalen Freiwilligendiensten ist so zu einer stark wachsenden Branche geworden.[8]

---

4 Vgl. Un Volunteers (o. J.), verfügbar unter https://www.unv.org/swvr.
5 Vgl. Tourism Watch (o. J.), verfügbar unter https://www.tourism-watch.de/system/files/migrated/profil18_voluntourism_final_en_0.pdf.
6 Vgl. German Institute for Development Evaluation (2017), verfügbar unter https://www.deval.org/files/content/Dateien/Evaluierung/Berichte/2018/weltwaerts_EN.pdf.
7 Vgl. Nolte, C. (2016). Volunteer Tourism auf dem deutschen Tourismusmarkt: Eine Anbieteranalyse. In: T. Reeh & G. Ströhlein (Hrsg.), *Freizeit und Tourismus im Wandel*. Göttingen: Universitätsverlag Göttingen, S. 107–129.
8 Vgl. McGehee, N. G. (2014). Volunteer tourism: evolution, issues and futures. *Journal of Sustainable Tourism*, 22(6), S. 847–854.

Wer sind die Freiwilligen, die vermehrt den Wunsch verspüren, sich im Ausland zu engagieren? Die Zielgruppe, die zeitlich begrenzt ein Projekt im Ausland unterstützen möchte, setzt sich aus zwei unterschiedlichen Alters- und Bedarfsgruppen zusammen. Die erste Gruppe besteht aus Jugendlichen und Erwachsenen im Alter von 16 bis 35 Jahren, die einen Übergang wie beispielsweise die Zeit zwischen dem Schulabschluss und dem Beginn des Studiums oder zwischen verschiedenen Anstellungen nutzen möchten, um sich bei einem Projekt für mehrere Wochen oder Monate einzubringen. Die Möglichkeit, sich im Ausland weiterzuentwickeln, indem man sich für ein Projekt einsetzt, scheint besonders den Geschmack der Generation der sogenannten Millennials zu treffen. 32 Prozent von ihnen interessieren sich dafür, einen freiwilligen Aufenthalt zu absolvieren; in den vorangegangenen Generationen waren es nur 17 bis 18 Prozent.[9] Die zweite Gruppe der Freiwilligen sind ältere Erwachsene und Senioren. Diese sind motiviert, weil sie ihren Alltag verändern möchten oder die Übergangsphase bei einem Berufswechsel nutzen wollen. Oder sie möchten die neu gewonnene Freizeit gestalten, nachdem die Kinder das Haus verlassen haben. Altruistische Motivationen erklären aber nur zu einem Teil das freiwillige Engagement, seit einigen Jahren gibt es zudem selbst zentrierte Beweggründe. So möchten sich Freiwillige persönlich entwickeln, reisen, Abenteuer und Spaß erleben.[10] Insgesamt lässt sich, angestoßen vom Trend der Individualisierung, ein deutlicher Zuwachs im Bereich der Alleinreisenden beobachten, die einen Beitrag während ihrer Reise leisten möchten.[11]

Organisationen, die Freiwillige zur Unterstützung suchen oder Angebote für diese konzipieren, sind Hilfsorganisationen sowie kommerzielle Anbieter. Hilfsorganisationen, die nicht gewinnorientiert arbeiten und Projekte zur Hilfe benachteiligter Menschen oder für den Naturschutz betreiben. Die meisten Projekte, an denen Freiwillige zeitweilig mitwirken, sind in Afrika oder Asien verortet, gefolgt von Süd- und Mittelamerika.[12] Gemeinnützige Organisationen möchten einerseits globales Lernen und Engagement fördern, nutzen den Strom der Freiwilligen aus dem Ausland aber zugleich, um Spenden für ihre Projekte zu

---

9 Vgl. Zukunftsinstitut (o. J.), verfügbar unter https://www.zukunftsinstitut.de/artikel/ tourismus/solo-trip-mit-sinn/.
10 Vgl. Tourism Watch (o. J.), verfügbar unter https://www.tourism-watch.de/system/files/ migrated/profil18_voluntourism_final_en_0.pdf.
11 Vgl. Zukunftsinstitut (o. J.), verfügbar unter https://www.zukunftsinstitut.de/artikel/ tourismus/solo-trip-mit-sinn/.
12 Vgl. Nolte, C. (2016). Volunteer Tourism auf dem deutschen Tourismusmarkt: Eine Anbieteranalyse. In: T. Reeh & G. Ströhlein (Hrsg.), Freizeit und Tourismus im Wandel. Göttingen: Universitätsverlag Göttingen, S. 107–129.

generieren. Sie kooperieren deshalb auch mit kommerziellen Anbietern, um den
Aufenthalt für Teilnehmer/innen attraktiver zu gestalten.[13] Kommerzielle Anbieter oder Agenturen haben Freiwillige für sich als neue Zielgruppe entdeckt: Seit
1990 ist die Zahl der aktiven Anbieter auf dem deutschen Markt von drei auf 22
gestiegen.[14]

Diese Entwicklungen zeigen, dass die Volunteer World GmbH in einen bestehenden Markt eingetreten ist. Welche Strategien verfolgen die direkten und
indirekten Wettbewerber? Die Volunteer World GmbH misst sich auf einem internationalen Markt für die Vermittlung von Freiwilligendiensten und -reisen im
Ausland direkt mit anderen Vergleichsplattformen (z. B. GoAbroad, Go Overseas)
und indirekt mit kommerziellen Anbietern von Freiwilligenreisen (z. B. International Volunteer HQ, GVI World). In der eigenen Wettbewerbsanalyse der Volunteer World GmbH (Abb. 8.1) segmentiert das Unternehmen nach Reiseagenturen
(links) und Plattformen (rechts) und stellt die Verhältnisse der Wettbewerber anhand der Marktabdeckung (Anzahl der angebotenen Freiwilligenprogramme, An-

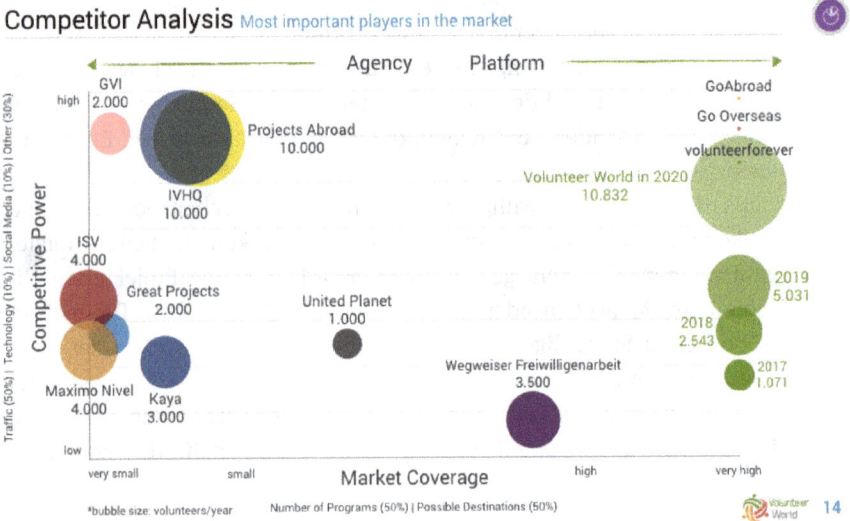

Abb. 8.1: Wettbewerbsanalyse – die Volunteer World GmbH im Vergleich zu anderen Anbietern
(Quelle: Volunteer World GmbH, 2017)

---

13 Vgl. Tourism Watch (o. J.), verfügbar unter https://www.tourism-watch.de/system/files/
migrated/profil18_voluntourism_final_en_0.pdf.
14 Vgl. Tourism Watch (o. J.), verfügbar unter https://www.tourism-watch.de/system/files/
migrated/profil18_voluntourism_final_en_0.pdf.

zahl unterschiedlicher Ziele, x-Achse), Wettbewerbsstärke (Traffic auf den Websites, Anzahl der Likes, y-Achse etc.) und der Anzahl der vermittelten Freiwilligen (Größe der Kreise) dar.

Mit Plattformen wie GoAbroad steht die Volunteer World GmbH insbesondere im Wettbewerb um die Aufmerksamkeit der Freiwilligen in den Online-Kanälen. GoAbroad erzielt seine Einkünfte als Marketingplattform, das heißt durch das Werbeangebot für internationale Programmanbieter (Freiwilligenorganisationen, Reiseagenturen, Universitäten, Sprachschulen). Mit der Strategie, einen möglichst umfangreichen Überblick über „Auslandsaufenthalte mit Sinn" anzubieten, bildete GoAbroad 2017 eine Anzahl von 5.914 Vermittlungen und 140 Destinationen ab. Diese auf Marketing ausgerichtete Plattformen plant die Volunteer World GmbH zu überholen, indem sie bis 2020 über 10.000 Vermittlungen auf der eigenen Plattform realisieren möchte.

Um die vermittelten Freiwilligen pro Jahr konkurriert die Volunteer World GmbH zudem mit großen Reiseagenturen. ProjectsAbroad oder International Volunteer HQ (IVHQ) beherrschen den Markt für Reiseagenturen, die aufgrund ihrer Werbung über Marketingplattformen wie GoAbroad eine starke Online-Präsenz und Wettbewerbskraft aufweisen. Sie konzentrieren sich auf die Organisation der Freiwilligenprogramme und Destinationen. Die Reiseagenturen erwirtschaften ihre Erlöse aus den Reisebuchungen der Freiwilligen und an den gewünschten Freizeitpaketen.

Wenn die Volunteer World GmbH nun aber selbst keine zusätzlichen Freizeitangebote für die Freiwilligen schafft, wie kann sie sich dann gegen andere Anbieter behaupten? Das Unternehmen bietet auf seiner Plattform nicht nur gemeinnützigen Hilfsorganisationen, sondern auch kommerziellen Reiseagenturen Zugang zu Personen, die sich für Freiwilligendienste interessieren. Da die Reiseagenturen die Volunteer World GmbH als weiteren Vertriebskanal nutzen, sind die Reiseagenturen Kunden und anstelle von Wettbewerber von der Volunteer World GmbH. Mit dem Geschäftsmodell einer Vermittlungsplattform hat die Volunteer World GmbH das Potenzial, sowohl den Markt der Reiseagenturen als auch den Markt der Affiliate-Marketing-Plattformen mitzubestimmen.

In der Marktbetrachtung wird deutlich, dass sich die Volunteer World GmbH durch vier zentrale Alleinstellungsmerkmale auszeichnet. Erstens wirbt das Unternehmen mit einer hohen Nutzerfreundlichkeit: Die Website ist transparent und übersichtlich aufgebaut und wird ohne Werbeanzeigen wie zum Beispiel bei GoAbroad betrieben. Dies fördert insbesondere die Vergleichbarkeit der Programme und somit das Vertrauen in den Buchungsprozess. Zweitens führt die Bewerbung über die Plattform zu einer stärkeren Zeit- und Kostenersparnis im Vergleich zu reinen Marketing-Plattformen, da der gesamte Prozess abgebildet wird: Hat ein Interessent/eine Interessentin ein passendes Programm gefunden, kann er/sie sich direkt bei der Organisation des Projekts bewerben. Über andere Plattformen, die Freiwilligenprogramme mehrerer Organisationen vergleichbar machen, ist der Bewerbungs-, Buchungs- und Betreuungsprozess nicht eingebunden. Vor und während des Auslandsaufenthalts bietet die Volunteer World GmbH den Freiwilligen eine kostenlose Beratung. Drittens bietet das Unternehmen ein flexibles Buchungssystem mit einer Bestpreisgarantie. Durch die Möglichkeit einer kostenlosen Stornierung oder Umbuchung in ein anderes Programm entsteht für die Freiwilligen eine hohe Flexibilität. Als viertes Alleinstellungsmerkmal kontrolliert die Volunteer World GmbH die Qualität der angebotenen Programme. Die Programme und Organisationen werden vor Veröffentlichung auf der Plattform der Volunteer World GmbH anhand eines mehrstufigen Qualitätschecks auf die ethischen Standards geprüft.

Vom Blog zur Vermittlungsplattform

Für die Entwicklung der Volunteer World GmbH schöpften die Gründer aus ihren eigenen Erfahrungen. Felix Rädel absolvierte 2006 einen Freiwilligendienst als Tenniscoach in Namibia. In der Vorbereitung für seinen Aufenthalt stellte er fest, dass das Angebot an Freiwilligendiensten unübersichtlich und die Planung aufwendig waren. Ähnlich ging es auch Pascal Christiaens, der bemerkte, wie viel Zeit das Organisieren rund um seinen Aufenthalt auf einer Otterfarm in Brasilien in Anspruch nahm. Die beiden Freunde fassten einen Entschluss: Das muss einfacher gehen! Mit der Motivation, mehr Transparenz zu schaffen, richteten sie den Blog Team Social Work ein, wo Freiwillige ihre Erfahrungen mitteilen und sich gegenseitig bei der Vor- und Nachbereitung des Auslandsaufenthalts beraten konnten.

Da die Nachfrage nach organisierten Freiwilligendiensten im Ausland auf dem Blog so groß war, begannen Rädel und Christiaens 2011 Hilfsorganisationen mit Freiwilligen zusammenzubringen. Die händische Vermittlung wurde bald zu aufwendig, sodass die beiden gemeinsam mit dem IT-Experten Christian Wenzel ihre Arbeit 2013 professionalisierten. Sie gründeten die Team Social Work UG, um systematisch eine Plattform zur Vermittlung von Volontariaten an gemeinnützige Organisationen aufzubauen.[15] Die Tätigkeitsfelder fokussierten sich auf Projekte im Naturschutz, Tierschutz und an Schulen (z. B. Schildkrötenrettung in

---

15 Vgl. Unternehmensregister (o. J.), verfügbar unter https://www.unternehmensregister.de/ ureg/result.html;jsessionid=3768D75E50A3C068AAF9A2357329A5BD.web02-1?submitaction= showDocument&id=10646575.

Sri Lanka, Unterstützung eines Kindergartens in Kapstadt, Englischunterricht in Thailand, Korallenpflege in Kambodscha). 2014 umfasste das Angebot 500 Projekte in 70 Ländern.[16]

Ein Schlüsselmoment für die Gründer war eine Anfrage von Investoren im Jahr 2015, die das Potenzial des Blogs und in der Vermittlung erkannten. So entstand die Volunteer World GmbH mit Sitz in Düsseldorf, die als erste unabhängige Vergleichsplattform für Freiwilligendienste im Ausland einen Ruf gewann. Innerhalb der ersten zwölf Monate gelang es dem Unternehmen, Freiwillige zu vermitteln, die insgesamt 3.516 Tage an Hilfsprojekten mitwirkten.[17] Im selben Jahr nahm das Gründerteam Christian Wenzel als Gesellschafter auf, da dieser als Head of Information Technology seit 2013 die Entwicklung ebenfalls maßgeblich begleitete.

Operativ führen die Volunteer World GmbH seit 2016 Christiaens als Managing Director und Wenzel als Chief Technology Officer, während Rädel sich aus der aktiven Geschäftsführung zurückzog, um sich auf seine Karriere in der Finanzbranche zu fokussieren. Christiaens hat nach einer klassischen Bankausbildung ein Bachelorstudium im Bereich Wirtschaftswissenschaften absolviert. Währenddessen sammelte er Erfahrungen in großen Unternehmen wie Volkswagen und der Bank HSBC. Nach dem Studium arbeitete er als Berater für Finanzdienstleistungen und beriet unter anderem gemeinnützige Organisationen. Dabei lernte Christiaens Wenzel kennen, der als Wirtschaftsinformatiker für dasselbe Unternehmen tätig war. Für beide passte das Gesamtpaket der Volunteer World GmbH zu ihren eigenen beruflichen Wünschen: etwas umsetzen, selbst gestalten, einen Beitrag leisten und reisen.

Nachdem Christiaens und Wenzel ein Geschäftsmodell um ihre Plattform herum aufgebaut hatten, erhielt das Unternehmen 2016 zwei Auszeichnungen. Bei einem Wettbewerb unter Jungunternehmen im Rheinland konnte es sich als bestes durchsetzen. Darüber hinaus nominierte der Verband Internet Reisevertrieb e. V. das Unternehmen als bestes Start-up Deutschlands in der Kategorie „Reise/Touristik". Im selben Jahr diente ein zweites externes Investment dazu, den Vertrieb und den Ausbau der Plattform zu stärken. Dann folgte 2017 ein neues Büro in der Ronsdorfer Straße, das den Gründern und ihren Mitarbeiter/innen mehr Platz bot.

Im Jahr 2018 wurde Christiaens in die Liste „30 Under 30" aufgenommen. Das Wirtschaftsmagazin Forbes zeichnet darin junge Visionäre aus, die die Gesellschaft durch disruptive Innovationen weiterentwickeln. Das Team der Volunteer World GmbH hat es geschafft, seine Plattform auf über 1.800 Organisationen

---

16 Vgl. NRW Startups (2014), verfügbar unter https://nrw-startups.de/2014/team-social-work-die-suchmaschine-fuer-globales-volunteering/.
17 Vgl. Volunteer World GmbH (2018), verfügbar unter https://www.volunteerworld.com/de.

in 81 Ländern mit über 27.000 registrierten Freiwilligen zu skalieren. 90 Prozent der Programme befinden sich in Schwellen- und Entwicklungsländern in Mittel- und Südamerika, Afrika und Südostasien.[18] Rund 40 Prozent der Bewerber/innen kommen aus den USA, 25 Prozent aus Großbritannien und 15 Prozent aus Deutschland. Auf Facebook hat die Volunteer World GmbH mittlerweile über 70.000 Abonnenten mit einer Bewertung von 4,6 von 5 Sternen, ihr Instagram-Kanal verzeichnet über 51.000 Abonnenten (Stand Juni 2019). Im Jahr 2019, so Christiaens, wird das Unternehmen seine Tragfähigkeit erreichen.

Zwischen zwei Welten

Die Gründer der Volunteer World GmbH verstehen sich als „Sozialunternehmer". Mit ihrer Plattform verfolgen sie das Ziel, gesellschaftlichen Wandel voranzutreiben, indem sie unternehmerisch tätig sind.[19] Sie integrieren somit ökonomische, soziale und ökologische Ziele in ein Geschäftsmodell. Was erstrebenswert klingt, ist nicht unbedingt einfach umzusetzen. Sozialunternehmen haben häufig damit zu kämpfen, Legitimität in zwei Bereichen erreichen zu wollen, die unterschiedlichen Prinzipien folgen. Während die Führung eines Unternehmens eine Gewinnorientierung fordert, ist die Erfüllung gesellschaftlicher Ziele mit einer Tätigkeit in einem Sektor verbunden, der dem monetären Gewinnstreben entgegensteht. Ähnlich scheint es auf den ersten Blick auch für die Volunteer World GmbH zu sein. Wie kann die Vermittlung von Freiwilligen zu Hilfsorganisationen sozial und zugleich ökonomisch tragfähig sein? Das Unternehmen hat darauf zwei Antworten gefunden: ein Einkommensmodell, das sich an dem von Airbnb orientiert, und eine Qualitätssicherung der Hilfsprojekte, die Bedürftige, Organisationen und Freiwillige im Blick hat.

Um die beste Übersicht internationaler Freiwilligenprojekte zu bieten, ist es für die Volunteer World GmbH wichtig, so viele Projekte wie möglich auf einer Plattform darzustellen und eine direkte Buchung zu ermöglichen. Die Herausforderung beim Aufbau einer solchen Plattform ist die Frage nach der Reihenfolge. Für die Freiwilligen ist sie nur hilfreich, wenn sie dort eine große Auswahl an Projekten miteinander vergleichen können. Für die Projektanbieter wiederum ist die Plattform nur von Wert, wenn sie dort Zugang zu qualifizierten Bewerbern/innen erhalten. Dabei spielt neben guten Marketingstrategien zur Anwerbung beider

---

18 Vgl. Volunteer World GmbH (2018), verfügbar unter https://www.volunteerworld.com/de.
19 Vgl. Social Entrepreneurship Netzwerk Deutschland e. V. (o. J.), verfügbar unter https://www.send-ev.de/positionen.

Seiten vor allem das Preismodell für die Kunden/innen eine wichtige Rolle. Die Gründer diskutierten zunächst mehrere Alternativen, bevor sie ein Modell am Beispiel von Airbnb entwickelten, das gleichermaßen attraktiv für Freiwillige, kommerzielle und nicht kommerzielle Organisationen ist.

Eine Möglichkeit wäre es gewesen, die Volunteer World GmbH nicht als Unternehmen, sondern als Verein aufzubauen, um Kosten für die vermittelten Parteien zu vermeiden. Um allerdings eine funktionierende Plattform aufzubauen und zu unterhalten, ist qualifiziertes Personal aus den Bereichen IT und Marketing notwendig. Es hätte einen dauerhaften Sponsor geben müssen, der die Kosten für die Erstellung und die Weiterentwicklung der Plattform trägt. Dies ist zum Beispiel bei dem Vermittler weltwärts der Fall, den die Engagement Global gGmbH im Auftrag des Bundesministeriums für wirtschaftliche Zusammenarbeit und Entwicklung führt. Wie eine Wettbewerbsanalyse verdeutlicht, ist die Anzahl der Angebote hier allerdings meist begrenzt, da nur Programme von gemeinnützigen Organisationen buchbar sind. Viele Freiwillige suchen nach einem umfassenden Vergleich, der sowohl nicht kommerzielle als auch kommerzielle Angebote berücksichtigt, da sich viele auch für weiterführende Reise- und Freizeitangebote über die Arbeit bei einem Hilfsprojekt hinaus interessieren. Eine Organisation ausschließlich auf Spendenbasis aufzubauen, ist zudem für Privatpersonen schwierig und zudem nicht nachhaltig, sodass Christiaens, Rädel und Wenzel ihre Chance eher im Aufbau eines privatwirtschaftlichen Unternehmens sahen, für das sie Investorengelder akquirieren konnten.

Für ihr Unternehmen spielten die Gründer dann unterschiedliche Einkommensmodelle durch: Eine Registrierungsgebühr für die Freiwilligen wäre zum Beispiel denkbar gewesen, hätte allerdings eine Barriere für sie geschaffen. Zudem hätten die Freiwilligen bei den Hilfsorganisationen oder Reiseagenturen direkt günstiger buchen können. Eine andere Möglichkeit wäre es gewesen, den Hilfsorganisationen und Reiseagenturen ein monatliches Abo anzubieten. Dabei wären zwar die Freiwilligen entlastet worden, allerdings wären diejenigen Hilfsorganisationen ausgeschlossen worden, die keine regelmäßige Zahlungsverpflichtungen eingehen können. Außerdem hätte dieses Modell die Volunteer World GmbH unter Druck gesetzt, die Anbieter von der Leistung – nämlich einer kontinuierlich erfolgreichen Vermittlung von Freiwilligen – zu überzeugen. Die Qualität der Passung der Freiwilligen zu den Projekten hätte möglicherweise unter der Erwartung einer hohen Vermittlungsrate seitens der Programmanbieter gelitten. Dies wiederum hätte die gesellschaftliche Mission des Unternehmens gefährden können, was besonders im Hinblick auf die Kritik gegenüber der Volunteer-Tourism-Branche Schwierigkeiten verursacht hätte.

So erarbeiteten die Gründer am Beispiel von Airbnb ein Einkommensmodell (Abb. 8.2), das eine prozentuale Gebühr pro Vermittlung erhebt. Es ist üblich, dass

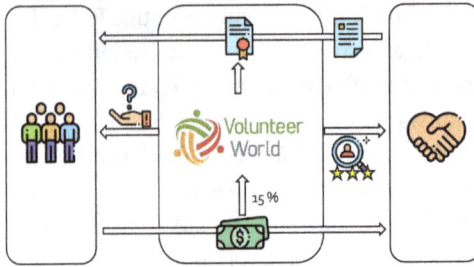

Abb. 8.2: Geschäftsmodell der Volunteer World GmbH (eigene Darstellung)

Freiwillige für ihre Teilnahme an einem Hilfsprojekt rund 1.000 Euro monatlich bezahlen: für Unterkunft, Verpflegung und mögliche Zusatzleistungen der Hilfsorganisation oder einer Reiseagentur. Bei manchen Projekten fließt ein Teil dieses Gelds als Spende in das Hilfsprojekt ein. Wenn sich nun Freiwillige erfolgreich bewerben, wird die Programmgebühr über die Volunteer World GmbH abgewickelt. Das Unternehmen erhält 15 Prozent für jede erfolgreiche Vermittlung. Um den Freiwilligen faire Preise zu garantieren, erfolgt kein Ausgleich dieses Anteils durch höhere Programmgebühren, indem etwa die Freiwilligen selbst die Vermittlungsgebühren tragen müssten. Die Programme, die über die Volunteer World GmbH eingestellt werden, dürfen auf anderen Kanälen der Hilfsorganisationen und Reiseanbieter nicht günstiger sein. So garantiert Volunteer World GmbH einen transparenten Vergleich aller Programme und erspart Freiwilligen einen zusätzlichen Preisvergleich. Die prozentuale Gebühr stellt außerdem sicher, dass nicht kommerzielle Anbieter die Plattform ebenfalls nutzen können. So sind zum Beispiel auch Programme gelistet, die kostenfrei sind und somit keine Vermittlungsgebühr beinhalten. Dieses Modell bietet den Freiwilligen eine umfassende Vergleichbarkeit, während Organisationen je nach Budget Zugang zu einer breiten Masse an Bewerbern/innen erhalten.

Somit kann die Volunteer World GmbH für eine Bestpreisgarantie eine sehr gute Vergleichsmöglichkeit bieten und den Vorbereitungsprozess für die Freiwilligen deutlich vereinfachen. Wie passt das Einkommensmodell nun zu den ökonomischen Zielen des Unternehmens? Da Kosten nur bei einer erfolgreichen Vermittlung und nicht schon vorab, zum Beispiel durch eine Registrierungsgebühr anfallen, kann die Plattform schnell Nutzer auf beiden Seiten – Freiwillige sowie Organisationen – gewinnen und zügig wachsen. Je umfangreicher die Projektauswahl, desto besser ist der Vergleich für die Projektsuchenden, und je mehr Projektsuchende, desto wahrscheinlicher ist eine erfolgreiche Vermittlung: Das Einkommen für die Volunteer World GmbH steigt.

Wie passt dieses Modell nun zu den sozialen Zielen der Gründer? Einerseits gewinnt ein Hilfsprojekt bei jeder Vermittlung an Bekanntheit und Arbeitskraft.

Andererseits bedeuten die prozentualen Kosten, die nur bei Erfolg anfallen, dass vor allem nicht kommerzielle Anbieter nicht mit Fixkosten belastet werden. Das Einkommensmodell verdeutlicht: Die Interessen von Freiwilligen, Hilfsorganisationen und Reiseagenturen sind hier so integriert, dass jeder von der Teilnahme des anderen profitiert. Freiwillige wünschen sich einen Vergleich von nicht kommerziellen und kommerziellen Angeboten. Hilfsorganisationen suchen qualifizierte Freiwillige und nutzen daher die Plattform, um hinreichend Aufmerksamkeit für ihre Programme zu erzeugen. Reiseagenturen möchten potenzielle Kunden/innen ansprechen und können sich über die Plattform neue Zielgruppen erschließen, die vorher nur Angebote von Hilfsorganisationen wahrgenommen haben. Die Volunteer World GmbH vernetzt also mit ihrem Einkommensmodell Akteure/innen aus unterschiedlichen Bereichen – ein Mehrwert für alle Beteiligten entsteht nur durch gemeinsame Teilnahme.

Obwohl die Bereitschaft zum Engagement im Ausland das Potenzial besitzt, positive gesellschaftliche Veränderungen anzustoßen, gibt dieser Trend auch Anlass zur Kritik. 2018 warnte Tourism Watch in der Studie „From Volunteering to Voluntourism", Freiwilligenarbeit als Tourismusprodukt zu vermarkten: Die Aufenthalte, so die Befürchtung, würden kürzer und gefährdeten daher die langfristige Entwicklungsperspektive der Hilfsorganisationen sowie der Hilfebedürftigen. Wenn Freiwillige zu Kunden/innen werden, bestehe zudem die Gefahr, dass nicht intensiv geprüft werde, inwiefern ein Freiwilliger/eine Freiwillige zu den Aufgaben in einem Hilfsprojekt passe und diese dann vor Ort auch zufriedenstellend ausführen könne. Reiseagenturen vermischten häufig den alternativen, nachhaltigen Tourismus mit dem Volunteer Tourism, obwohl besonders bei Letzterem häufig Standards bei privaten Anbietern fehlten. In einer Studie unter 50 Anbietern im deutschsprachigen Raum stellte Tourism Watch deren nicht unerhebliche mangelnde Transparenz und Qualitätssicherung fest.

Die Gründer der Volunteer World GmbH sind sich dieser Kritik bewusst und nutzen die Schwierigkeiten als Chance für ihr Geschäftsmodell. Sie entwickelten Maßnahmen zur Qualitätssicherung, um sicherzustellen, dass die über ihre Plattform angebotenen Projekte einen gesellschaftlichen Mehrwert für alle Beteiligten stiften. Ihr Ziel ist es dabei, die Rahmenbedingungen auf dem Markt für internationale Freiwilligenarbeit langfristig positiv zu beeinflussen. Die Volunteer World GmbH möchte mit drei Kernmaßnahmen eine sinnvolle Passung zwischen Freiwilligen und Projekten ermöglichen: Qualitätssicherung der freiwilligen Bewerber/innen, Qualitätssicherung der angebotenen Projekte und Transparenz bei der Darstellung der Projekte.

Um eine Passung zwischen Projekt und Freiwilligen zu gewährleisten, ist es dem Unternehmen wichtig, die Bewerber/innen zu filtern. Sie müssen Angaben zu ihrer Motivation und ihren Zielen für eine Projektteilnahme machen sowie ein polizeiliches Führungszeugnis einreichen. Die finale Auswahl trifft dann die Projektorganisation. Das integrierte Bewerbermanagement auf der Plattform vereinfacht die Übersicht zu den Bewerbungen für die Projektorganisationen, damit diese schnell und einfach entscheiden können. Damit die Zusammenarbeit zwischen Freiwilligen und Projektorganisation vor Ort reibungslos funktioniert, sorgt die Volunteer World GmbH für einen Austausch zwischen denen, die bereits ein Projekt absolviert haben, und denjenigen, denen eins bevorsteht. Über einen umfangreichen Blog und einen E-Mail-Guide werden die Freiwilligen systematisch vorbereitet.

Die Auswahl der Projekte erfolgt anhand mehrerer Kriterien. Christiaens berichtet, dass sie 50 Prozent der Anträge in der Vorauswahl ablehnen. Zunächst begutachtet das Team die Projekte und achtet dabei inhaltlich darauf, dass sie unterstützungsfähig sind. So müssen beispielweise Programme, bei denen Freiwillige mit Kindern arbeiten, auf eine Mindesteinsatzdauer von vier Wochen ausgelegt sein. Dann befragt das Team mindestens acht Personen, die bereits an dem Projekt teilgenommen oder Erfahrungen mit der Organisation gesammelt haben. Schließlich bewerten die Freiwilligen, die bereits an dem jeweiligen Projekt teilgenommen haben, alle Projekte. Bei einem Verdacht auf Unregelmäßigkeiten kann die Volunteer World GmbH schnell reagieren und ein Projekt aussetzen. Damit sichert sie die Qualitätsprüfung für alle Beteiligten sowohl vor als auch während der Projektlaufzeit.

Die Volunteer World GmbH prüft nicht nur die Inhalte, sondern generiert auch mit einer transparenten Darstellung der Projekte einen großen praktischen sowie sozialen Mehrwert (Abb. 8.3). Zunächst unterstützt das Unternehmen besonders Hilfsorganisationen dabei, die Beschreibung des Projekts so übersichtlich wie möglich zu gestalten. Häufig haben vor allem kleinere Hilfsorganisationen wenig Erfahrung darin, aussagekräftige Informationen für die Freiwilligen zusammenzustellen. Bevor eine Projektbeschreibung veröffentlich wird, prüft das Team, ob alle wichtigen Auskünfte enthalten sind. Die Beschreibung verdeutlicht außerdem, um welche Art der Organisation (non- oder for-profit) es sich handelt, inwiefern diese Organisation für ihre Qualität bekannt ist und welches der 17 Sustainable Development Goals der Vereinten Nationen mit dem entsprechenden Projekt unterstützt wird (oben links in Abb. 8.3). Für die Qualitätsauszeichnung („Quality Badge", grünes Zeichen in Abb. 8.3 muss die Organisation, die das Projekt anbietet, bereits mehrere Freiwillige über die Volunteer World GmbH eingebunden haben, eine gute, schnelle Kommunikation mit dem Team vorweisen und den eigenen gesellschaftlichen Mehrwert messen. Insgesamt achtet das Team darauf, bei der Bewerbung der Projekte auf Armutsmarketing zu verzichten, um würdevoll mit Hilfsbedürftigen umzugehen.

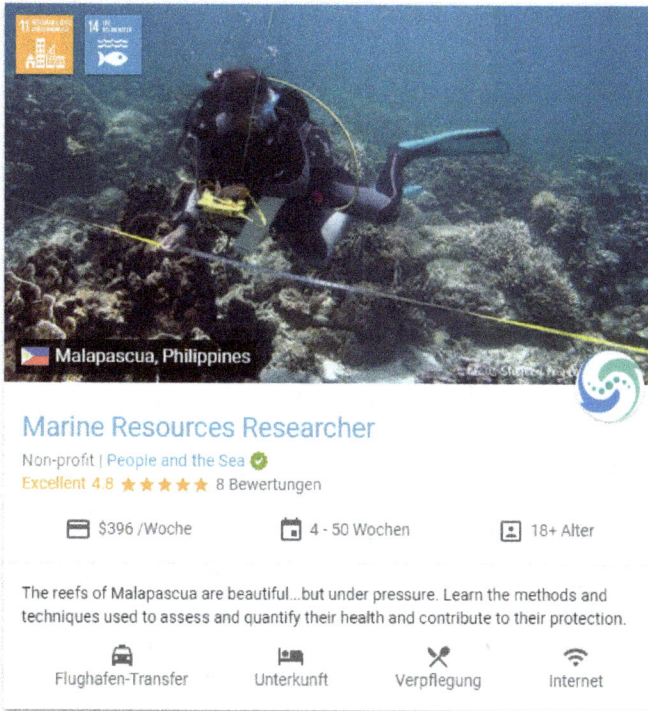

Abb. 8.3: Darstellung der Projekte auf der Plattform der Volunteer World GmbH – Beispielprojekt der Hilfsorganisation „Latin American Sea Turtles" (Quelle: Volunteer World GmbH, 2018)

Im Vergleich zu den von Tourism Watch analysierten Anbietern hat die Volunteer World GmbH einen breiten Maßnahmenkatalog entwickelt, um Schwierigkeiten bei der Vermittlung von Freiwilligen an Hilfsprojekte zu verringern. Zum Beispiel forderten nur 18 Prozent der 50 untersuchten Anbieter ein Motivationsschreiben und 54 Prozent ein polizeiliches Führungszeugnis – beides bei der Volunteer World GmbH von den Freiwilligen im Bewerbungsprozess gefordert.[20] Die Volunteer World GmbH möchte kontinuierlich an der Qualität seiner Vermittlung arbeiten und plant deshalb, einen Verhaltenskodex für die Freiwilligen zu entwickeln, in dem zum Beispiel der Umgang der Freiwilligen mit Fotografien aus den Projekten geregelt ist.

---

20 Vgl. Tourism Watch (o. J.), verfügbar unter https://www.tourism-watch.de/system/files/migrated/profil18_voluntourism_final_en_0.pdf.

Kurz und bündig

Die Volunteer World GmbH zeigt mit ihrer Vermittlungsplattform für den internationalen Freiwilligendienst, wie ein Sozialunternehmen ökonomische und soziale Ziele in einem Geschäftsmodell vereint. „Meine Freunde sagen, es ist traurig, dass es einen Banker brauchte, um ein Social Business zu starten", scherzt Christiaens. Dieser Gründergeist in einem sozial geprägten Bereich ist wahrscheinlich der Vorteil, der seinem Unternehmen zum Erfolg verholfen hat. Kritische Entscheidungen zwischen ökonomischen und sozialen Zielen oder wegen der Investorenauswahl habe es nicht gegeben, betonen sowohl Gründer als auch Mitarbeiter/innen.

Selbst wenn sich das Unternehmen zwischen zwei Welten bewegt, so scheinen das Einkommensmodell und die einfache Vergleichbarkeit der Projekte die Schlüssel für den Erfolg der Volunteer World GmbH zu sein. Eine Plattform, die Projektsuchende und Projektanbieter zusammenbringt, ist sowohl aus ökonomischen als auch aus gesellschaftlichen Gründen sinnvoll. Freiwillige auf simple Weise an Organisationen zu vermitteln, bietet den von ihnen betreuten Hilfsprojekten die Chance, innerhalb kurzer Zeit Helfer/innen und ggf. auch Spenden zu gewinnen. Für Freiwillige reduzieren sich Hürden, sodass ihrem Auslandsaufenthalt möglichst wenig entgegensteht. Nicht zuletzt erhalten Reiseagenturen eine große Marketingplattform und finanzieren gleichzeitig die Plattform für die anderen Teilnehmer/innen mit. Ähnlich wie Airbnb hat es die Volunteer World GmbH geschafft, Verbindungen zu ermöglichen, die vorher nur auf komplizierte Weise zustande kamen. Wie wird sie in Zukunft den Markt der Freiwilligenarbeit im Ausland mitgestalten? Eines scheint klar zu sein: Mit der Größe der Plattform steigen nicht nur die ökonomischen und sozialen Gestaltungsmöglichkeiten für das Unternehmen, sondern auch seine Verantwortung als wichtiger Vernetzter, diese Aufgabe in Zukunft zu erfüllen.

Die Gründer der Welect GmbH: Philipp Dommers und Olaf Peters-Kim
(Bildnachweis: Welect GmbH)

Christine Friederici

9 Welect GmbH – Die andere Art von Werbung

„Wir wollen, dass Menschen gerne Werbung sehen" – dieses Ziel veranlasste Philipp Dommers und Olaf Peters-Kim im März 2016 dazu, das Adtech-Unternehmen Welect GmbH zu gründen. Der Wunsch, dass Nutzer mit Werbung etwas Positives verbinden, stand auch hinter der App WelectGo, welche bereits im November desselben Jahres gelauncht wurde. Die weltweit erste App für werbefinanzierte Tickets im öffentlichen Personennahverkehr wurde zu einem großen Erfolg und schaffte es im Dezember 2016 in die Top 10 der AppStore-Charts.

Gut zweieinhalb Jahre nach der Gründung liegt der Fokus des Unternehmens auf dem Internetdienst WelectPublish. Durch die Zusammenarbeit mit verschiedenen Verlagen wird den Nutzern ein selbstbestimmter Werbekonsum ermöglicht. So können Leser zum Beispiel die Arbeit der Redakteure bewusst honorieren oder einen Zugriff auf redaktionelle Online-Inhalte erhalten, die hinter den üblichen Barrieren wie Paywall, AdBlock-, Anmelde- und Aboschranken verborgen sind. Während die Nutzer selbst entscheiden können, ob und wenn ja, welche Werbung sie sehen wollen, bietet WelectPublish Verlagen eine neue Erlösquelle. Seit der Einführung des Produkts im Juli 2017 sind unter anderem Portale wie Rheinische Post Online, FOCUS Online und CHIP Partner geworden. Da sich die Nutzer aktiv dafür entscheiden, ein bestimmtes Werbevideo zu sehen und diesem die entsprechende Aufmerksamkeit schenken, profitieren als dritte Zielgruppe zudem die Werbetreibenden von WelectPublish.

Das Adtech-Start-up aus Düsseldorf konnte bereits in den vergangenen Jahren Verbraucher, Partner und Werbetreibende von seinen Produkten überzeugen. In der Anfangsphase des Unternehmens wurde vor allem der regionale Markt bedient. In den vergangenen Jahren hat sich die Welect GmbH ein solides Fundament im nationalen Heimatmarkt aufgebaut. So sehen bereits heute mehrere Millionen Menschen Werbung mit der Welect GmbH. Doch das Unternehmen will in den kommenden Jahren auch über den deutschen Markt hinauswachsen. Die Vision, welche die beiden Gründer über Produkte und Märkte hinweg umsetzen, soll jedoch unverändert bleiben.

Werbebranche im Wandel

Im Zeitraum von 2015 bis 2017 verzeichnete die Werbebranche in Deutschland eine positive Gesamtentwicklung, wobei sich die Bruttowerbeausgaben im Jahr

https://doi.org/10.1515/9783110663839-009

2015 um 3,5 Prozent auf 29,2 Milliarden Euro erhöhten; im Jahr 2016 erfolgte ein erneuter Anstieg um 4,9 Prozent auf 30,9 Milliarden Euro.[1] Auch in 2017 konnte eine Steigerung der Bruttowerbeausgaben gegenüber dem Vorjahr verzeichnet werden: Insgesamt gaben deutsche Unternehmen 31,8 Milliarden Euro für Werbung aus, was einer Steigerung von 1,8 Prozent entspricht.

Laut dem Werbemarktforschungsunternehmen Nielsen entfiel der höchste Anteil der Werbeausgaben in den Jahren von 2015 bis 2017 auf Fernsehwerbung (2015: 13,8 Milliarden Euro; 2016: 14,9 Milliarden Euro; 2017: 15,3 Milliarden Euro). Die Ausgaben für Fernsehwerbung stiegen dabei über die betrachtete Zeitperiode von Jahr zu Jahr an (2015: +5,4 Prozent; 2016: +6,8 Prozent; 2017: +1,6 Prozent), genau wie die Ausgaben für Out of home/Außenwerbung beispielsweise über Großbildschirme oder Plakate (+5,4 Prozent; +6,8 Prozent; +1,6 Prozent) und die Ausgaben für Radiowerbung (+2,9 Prozent; +8,9 Prozent; +4,6 Prozent). Das stärkste Wachstum verzeichneten allerdings die Ausgaben für Werbung auf mobilen Endgeräten (+58,0 Prozent; +72,4 Prozent; +32,9 Prozent).

Weniger eindeutig verlief in den Jahren von 2015 bis 2017 die Entwicklung der Ausgaben für Werbung im Internet (+0,1 Prozent; –4,2 Prozent; –2,5 Prozent) und Werbung in Printmedien, das heißt Publikumszeitschriften, Fachzeitschriften und Zeitungen (–0,8 Prozent; +1,5 Prozent; –1,1 Prozent). Großen Schwankungen unterlagen auch die Ausgaben für Kinowerbung (+20,2 Prozent; –0,4 Prozent; +7,8 Prozent).[2]

Einen Überblick der Werbeausgaben im Zeitraum von 2015 bis 2017 in den jeweiligen Werbekanälen zeigt Tabelle 9.1.

Die Zahlen spiegeln eine Veränderung in der Struktur der Werbebranche wider. So verlor insbesondere die Werbung über Printmedien von 2015 bis 2017 an Bedeutung, während diejenige über mobile Endgeräte zunehmend wichtiger wurde. Die Statistik erfasste jedoch nicht moderne Werbekanäle wie Social-Media-Marketing oder Influencer-Marketing, deren Bedeutung in den Jahren von 2015 bis 2017 ebenfalls zunahm.[3]

Der Trend der zunehmenden Digitalisierung der Werbebranche zeigt sich jedoch nicht nur in der Bedeutung der klassischen Werbekanäle und der Entste-

---

1 Vgl. GENIOS (2016), verfügbar unter http://www.genios.de/document/BRAW__r_mar_ 20161116; Nielsen Insights (2016), verfügbar unter https://www.nielsen.com/de/de/press-room/2016/Werbemarkt-2015-verzeichnete-ein-Plus.html; GENIOS (2017), verfügbar unter https://www.genios.de/document/BRAW__r_mar_20171116.
2 Vgl. Nielsen Insights (2018), verfügbar unter https://www.nielsen.com/de/de/insights/news/ 2018/wp-02-werbejahr2017.html.
3 Vgl. Absatzwirtschaft (2015), verfügbar unter http://www.absatzwirtschaft.de/digitalmarket ing-mehr-als-social-media-und-banner-werbung-60581/.

Tab. 9.1: Bruttowerbeausgaben insgesamt und nach Kanälen (von 2015 bis 2017)

	2015		2016		2017	
	Ausgaben[a] (Milliarden)	Δ[b] (%)	Ausgaben (Milliarden)	Δ (%)	Ausgaben (Milliarden)	Δ (%)
Insgesamt	29,2	+3,5	30,9	+4,9	31,8	+1,8
Fernsehen	13,8	+5,4	14,9	+6,8	15,3	+1,6
Zeitungen	4,7	−0,2	4,9	+4,0	4,9	−0,5
Publikumszeitschriften	3,5	−1,8	3,5	−1,8	3,4	−1,5
Internet	3,0	+0.1	2,9	−4,2	2,9	−2,5
Out-of-Home	1,5	+9,7	1,8	+7,9	2,2	+12,4
Radio	1,7	+2,9	1,8	+8,9	1,9	+4,6
Fachzeitschriften	0,4	+0,5	0,4	+1,7	0,4	−4,8
Mobile	0,3	+58,0	0,5	+72,4	0,6	+32,9
Kino	0,1	+20,2	0,1	−0,4	0,2	+7,8

[a] Bruttowerbeausgaben (in Euro, Werte gerundet)
[b] Relative Veränderung zum Vorjahr (in Prozent)
Quelle: GENIOS (2016), verfügbar unter http://www.genios.de/document/BRAW__r_mar_20161116;
GENIOS (2017), verfügbar unter https://www.genios.de/document/BRAW__r_mar_20171116;
Nielsen Insights (2016), verfügbar unter https://www.nielsen.com/de/de/press-room/2016/Werbemarkt-2015-verzeichnete-ein-Plus.html;
Nielsen Insights (2018), verfügbar unter https://www.nielsen.com/de/de/insights/news/2018/wp-02-werbejahr2017.html.

hung Neuer, er äußert sich auch in Branchentrends. So liefern die Angaben zu den deutschen Bruttowerbeausgaben – welche Nielsen zur Verfügung stellt – außerdem Informationen zu den werbestärksten Branchen in den Jahren von 2015 bis 2017. An der Spitze des Branchen-Rankings lagen demnach E-Commerce und Online-Dienstleistungen, aber auch die Automobilbranche, der Lebensmitteleinzelhandel sowie die Arzneimittelbranche zählten zu den werbeintensiven Branchen.

Die Digitalisierung von Werbung und Marketing wurde in den Jahren von 2015 bis 2017 zudem von Veränderungen in der Anbieterlandschaft begleitet. Diese Veränderungen beschränkten sich nicht nur auf den deutschen Markt und werden den internationalen Werbemarkt – erwartungsgemäß – auch in den kommenden Jahren stark beeinflussen. So nimmt der Wettbewerbsdruck durch neue Akteure wie Unternehmensberatungen und große Internetkonzerne zu, die immer stärker in das Kerngeschäft von Werbung und Marketing vordringen. Fusionen und Übernahmen zählen zum Tagesgeschäft der Branche.[4] Insbesondere die Konkurrenz durch Konzerne wie Google, Facebook und Amazon verdeutlicht darüber hinaus das für die Werbebranche wichtige Thema der Erfassung und Nutzung von Daten im Werbekontext.

Um im Wettbewerb bestehen zu können, müssen Akteure nicht selten ihr eigenes Profil anpassen bzw. schärfen. Neben einer Media-Expertise sind zunehmend Kompetenzen wie technologisches Know-how, aber auch Flexibilität und Fantasie gefragt. Insbesondere im deutschen Markt gilt dies sowohl für die großen Mediaagenturen als auch für die zahlreichen kleinen Werbeunternehmen.

Entstehung eines Adtech-Start-ups

Am 21.März 2016 gründeten Philipp Dommers und Olaf Peters-Kim das Adtech-Unternehmen Welect GmbH. Diesem Tag ging eine Phase voraus, in welcher sich die Gründer intensiv mit der Idee auseinandersetzten, „Werbung neu zu erfinden". Bis zur tatsächlichen Gründung sollte etwa ein Jahr vergehen, in welchem sie ihre Idee entwickelten.

Nach seinem Abschluss zum Diplom-Ingenieur mit dem Schwerpunkt Media Technologies und ersten Erfahrungen in der Medienbranche begann Dommers im Jahr 2009 als Trainee bei einer Mediaagentur, wo er zunächst einer klassischen Beraterlaufbahn folgte. Bereits ab 2007 arbeitete auch Peters-Kim als CFO für dieselbe Agentur. Als Teil ihrer Tätigkeit dort beschäftigten sich beide damit, wie Werbung in den unterschiedlichen Kanälen funktioniert und wie Menschen Werbung wahrnehmen. Dabei fiel ihnen auf, dass „insbesondere in der digitalen Welt bislang sehr wenig Rücksicht darauf genommen wird, ob ein Nutzer überhaupt offen ist für werbliche Kommunikation oder nicht". Dommers vergleicht die Voraussetzungen für wirksame digitale Werbungen mit denen eines normalen Alltagsgespräches: „Kommunikation kann nur funktionieren, wenn beide Seiten auch Lust dazu haben."

Anfang 2015 waren sich Dommers und Peters-Kim einig über die Notwendigkeit eines Systems, welches es Menschen erlaubt, selbst zu entscheiden, ob sie Werbung sehen möchten oder nicht. Es folgten intensive Monate, in denen sie an ihrer Idee arbeiteten, anfangs in ihrer Freizeit. Schnell wurde beiden klar, dass sie sich selbstständig machen wollten. So beendeten sie ihre Tätigkeit in der Agentur und gründeten das Unternehmen Welect GmbH.

---

4 Vgl. Horizont (2017), verfügbar unter https://www.horizont.net/agenturen/kommentare/Was-tun-Kapituliert-die-Agenturbranche-vor-der-uebermacht-der-Berater-161567.

Voneinander lernen

Mit Dommers und Peters-Kim entschieden sich zwei Mediaexperten dafür, gemeinsam ein Unternehmen zu gründen. Beide profitierten insbesondere in der Anfangsphase von ihren Erfahrungen in der Werbebranche, aber ebenso wichtig waren ihre unterschiedlichen Kompetenzen, die sie einbrachten: Peters-Kim aus dem Bereich Finance, Dommers aus der Kundenberatung und dem Management von Kampagnen.

Doch die Gründer lernten nicht nur voneinander, sondern waren auch aufgeschlossen gegenüber externer Hilfe: „Wir haben uns bei sehr vielen Menschen Hilfe geholt und auch immer wieder nach Hilfe gefragt. Als Erstes haben wir uns, was unsere Idee betrifft, so früh wie möglich [...] mit Experten ausgetauscht. Das heißt, wir haben sehr viele Interviews mit alten Kollegen, mit Experten, mit Forschungsabteilungen geführt, um herauszufinden, ob das Vorhaben überhaupt grundsätzlich funktionieren kann."

Externes Wissen nahmen sie insbesondere für das Thema Entwicklung in Anspruch. Dies erfolgte – trotz des Verständnisses der Gründer für Technologie – in Form einer Kooperation mit dem Softwareentwickler 9elements in Bochum, der sich unter anderem auf das Projektgeschäft mit Start-ups konzentriert.

Standort Düsseldorf

Ausschlaggebend für die Wahl des Standorts Düsseldorf war – neben der persönlichen Verbundenheit mit der Stadt – die Nähe zum Kunden/zur Kundin. Große Werbeagenturen wie die GroupM Germany oder OMD haben hier ihren Sitz und verwalten von hier aus ihre Werbebudgets. Ebenso wichtig war: „Die Start-up-Szene in Düsseldorf ist in den letzten Jahren stark gewachsen [...] man kann sich in dem Bereich sehr gut austauschen."

Überregionales Wachstum von 2016 bis 2018

Laut der Gründer der Welect GmbH ist das mediale Nutzungsverhalten heute stark selbstbestimmt und die Mehrzahl der Verbraucher entscheidet sich aktiv dafür, welche Medien und Inhalte sie wann, wie und wo konsumieren. „Die meisten Menschen schauen mittlerweile abends auf der Couch eher Netflix, Amazon Prime oder YouTube und die wenigsten gucken den Blockbuster auf Pro7." Der Ansatz der Welect GmbH besteht darin, Menschen selbst entscheiden zu lassen, ob sie Werbung sehen möchten und welche sie interessiert.

Das Unternehmen führte sogleich im Jahr 2016 regional die App WelectGo ein, die es so inzwischen nicht mehr gibt. Stattdessen liegt der Fokus seit 2017 auf dem Dienst WelectPublish, über welchen bereits heute mehrere Millionen Menschen pro Monat Werbung sehen. Mittel- bis langfristig gehen nach Einschätzung der Gründer mit diesem Kernprodukt weitere nationale als auch internationale Wachstumschancen einher.

WelectGo

Die App WelectGo bot Nutzern des öffentlichen Personennahverkehrs die Option, auf werbefinanzierte Tickets zuzugreifen. Sie erhielten ihre Fahrkarte kostenlos, sofern sie bereit waren, sich im Gegenzug ein Werbevideo anzuschauen. Zum Einsatz kam WelectGo hierbei bei der Düsseldorfer Rheinbahn und anderen Verkehrsbetrieben. Der Ansturm auf die verfügbaren Fahrkarten überstieg die Erwartungen der Gründer: „Die App ist tatsächlich über Nacht bekannt geworden, [...] wir haben das so nicht geplant." Innerhalb kürzester Zeit meldeten sich Zehntausende an. Im Dezember 2016 schaffte es die App sogar unter die Top 10 der AppStore-Charts. Die Welect GmbH erhielt große Aufmerksamkeit und war in den lokalen Medien stark vertreten, unter anderem berichteten die Rheinische Post, Antenne Düsseldorf, WDR und RTL West über das Adtech-Start-up. Die App setzte das Ziel des Unternehmens um: Nutzer erhielten die Möglichkeit, sich selbstbestimmt für den Konsum von Werbung zu entscheiden – und verknüpften diese mit einem positiven Erlebnis.

WelectGo stellte die Gründer zugleich vor neue Herausforderungen, denn die App war nicht ohne Weiteres skalierbar. Die individuelle Organisation der jeweiligen Verkehrsbetriebe führte zu der Schwierigkeit, WelectGo technisch einheitlich umzusetzen. Darüber hinaus stellten die Ticketpreise – von 1,60 bis 2,70 Euro – aus Sicht der Werbebranche relativ hohe Beträge dar, deren Finanzierung das Start-up über werbetreibende Unternehmen zunächst sichern musste. Obwohl infrastrukturell nicht darauf vorbereitet, gelang es dem Team, über ein Jahr lang auf Projektbasis neue Kampagnen für den lokalen Raum zu akquirieren, um die hohe Nachfrage zu befriedigen. Dann trafen die Gründer die Entscheidung, das Projekt zu beenden: „Wir haben natürlich auch sondiert, ob man die App langfristig über mehrere Jahre spielen kann. Insbesondere, als die App so erfolgreich war, haben wir diese Möglichkeit selbstverständlich diskutiert. Letzten Endes sind wir dann doch bei dem Plan geblieben, das Projekt nach einem bestimmten Zeitraum zu beenden."

Insgesamt wurden über WelectGo 70.000 Tickets vergeben und 50.000 Nutzer erreicht. Die Technologie dieser App kommt nach wie vor zum Einsatz, indem eine

Lizenz vergeben wurde. Die Installation in eine bestehende App erlaubt es der Welect GmbH, die Technik zwar anzubieten, aber den Vertrieb auf lokaler Ebene anderen zu überlassen.

WelectPublish

Seit 2017 liegt der Fokus der Welect GmbH auf einem anderen Produkt: den Online-Dienst WelectPublish. Dommers und Peters-Kim hatten es bereits vor dem Aus der App entwickelt und sahen in diesem Dienst nun ihr Kernprodukt.

Von zentraler Bedeutung für WelectPublish ist die Zusammenarbeit mit Verlagen, welche ihre redaktionellen Inhalte auf Online-Portalen zur Verfügung stellen. Eine spezielle Technologie, die auf einer unabhängigen und selbst entwickelten Plattform basiert, ermöglicht die Honorierung redaktioneller Inhalte. Nutzer erklären sich dazu bereit, ein Werbevideo ihrer Wahl anzuschauen. Damit können sie die redaktionelle Arbeit freiwillig honorieren oder ihnen steht die Option zur Verfügung, dadurch übliche Barrieren wie Paywall, AdBlock-, Anmelde- und Aboschranken zu überwinden.

WelectPublish verfolgt das Ziel, „dass alle drei Zielgruppen profitieren". Die erste Zielgruppe, die Verbraucher, entscheidet, welche Werbung sie sehen möchte und welche nicht. Das ist eine Option, die insbesondere bei Add-Block-Nutzern sehr gut funktioniert.

Die zweite Zielgruppe, die Verlage, erhält durch WelectPublish eine neue Erlösquelle. Insbesondere Leser/innen, die sich von Paywall, AdBlock-, Anmelde- und Aboschranken abschrecken lassen, können so für redaktionelle Inhalte erreicht werden. Bislang hat die Welect GmbH unter anderem Partner wie Rheinische Post Online, FOCUS Online und CHIP gewonnen.

Als dritte Zielgruppe profitieren die Werbetreibenden von WelectPublish. Da Nutzer entscheiden, sich ein Werbevideo anzusehen, könnten sie offen für werbliche Kommunikation sein. Aufgrund der Option, einen Werbespot abzubrechen, entstehen Kosten für den Werbetreibenden tatsächlich nur dann, wenn ein Video vollständig geschaut wird. „Organisches Targeting" stellt außerdem eine Affinität zum jeweiligen Werbespot sicher. Der Nutzer kann also den Spot auswählen, der für ihn in diesem Moment am relevantesten ist.

Wachstum in alle Richtungen

Mit dem Kernprodukt WelectPublish möchte das Unternehmen weiterhin wachsen. Damit verbunden ist auch eine Vergrößerung des Teams. Im August 2018 bestand es aus vier Mitarbeiter/innen. Weitere Einstellungen sind in Zukunft geplant. Dabei soll das Wachstum nicht exponentiell, sondern eher konservativ erfolgen. Besonderen Wert legen die Gründer auf die sorgfältige Auswahl besonders qualifizierter Mitarbeiter/innen mit der notwendigen Motivation und Teamfähigkeit.

Dommers und Peters-Kim erwarten aufgrund der Skalierbarkeit von WelectPublish ein langfristiges Wachstum ihres Unternehmens in internationalen Märkten. „Der nächste Markt ist für uns sicherlich interessant. Das ist zum einen UK aber auch die Nordic-Länder. Und tatsächlich ist das auch etwas, das wir in den nächsten 24 Monaten sehr konkretisieren werden." Ausschlaggebend für die Auswahl der Zielmärkte sind in erster Linie gute persönliche Kontakte zu Geschäftspartnern vor Ort, beispielsweise in London. Für die Auswahl der Zielmärkte spielt zudem eine Vergleichbarkeit zum deutschen Markt eine Rolle: „Der UK-Markt ist dem deutschen Markt sehr ähnlich […]. Das heißt, wenn wir in Deutschland die Mechaniken, die wir gerade etablieren, ins Rollen gebracht haben, dann ist es sehr leicht, diese auch in UK zu installieren." Die Art des internationalen Markteintritts wird stark von den Eigenschaften des Produkts WelectPublish bestimmt sein. Unabhängig davon, ob es sich um Aktivitäten im In- oder Ausland handelt, geht es im ersten Schritt immer darum, Verlage als Partner zu gewinnen. Erst im zweiten Schritt erhalten werbetreibende Akteure ein Angebot für entsprechende Werbeflächen. Auf diese Art und Weise erfolgte die Skalierung innerhalb Deutschlands, genauso kann ein Wachstum in anderen europäischen Ländern – wie Großbritannien – erreicht werden. Insgesamt betrachtet führt die relativ einfache Skalierbarkeit des Produkts, die Ähnlichkeit potenzieller Zielmärkte sowie das Vorhandensein von ausländischen Geschäftskontakten dazu, Risiken einer internationalen Expansion zu reduzieren.

Entscheidend für das Wachstumspotenzial und die langfristige Wettbewerbsfähigkeit der Welect GmbH – national wie international – ist die Erkenntnis, welche Vorteile es hat, den Verbraucher/die Verbraucherin in die Werbung einzubeziehen. Diese Erkenntnis ist insofern innovativ, weil das Thema der nutzerzentrierten Werbung zum Zeitpunkt der Gründung der Welect GmbH noch keine große Rolle gespielt hat. Auch nach wie vor liegt der Fokus vieler Großkonzerne im Bereich Programmatic Advertising, dem automatischen und individualisierten Ein- und Verkauf von Werbeflächen auf der Grundlage vorliegender Nutzerdaten. Verschiedene Algorithmen sollen ermitteln, was den Verbraucher/die Verbraucherin vermutlich interessiert.

Wie stark die konventionelle Werbung nach wie vor in den Köpfen von Verbrauchern/innen und Werbetreibenden vorherrscht, verdeutlicht Dommers mit einer Anekdote. Im Rahmen einer Präsentation bat er seine Zuhörer/innen um Ideen, wie man in der digitalen Welt die Lieblingsfarbe einer Person herausfinden kann. Unter den Vorschlägen waren unter anderem die Analyse des letzten Warenkorbs oder der Einsatz von Cookies. Niemand kam jedoch auf die Idee, Personen in der digitalen Welt direkt nach der Lieblingsfarbe zu fragen. Hier setzt das Prinzip der nutzerzentrierten Werbung durch die Welect GmbH an.

Dieser Ansatz steht dem Vorgehen vieler Kampagnen gegenüber, die vorwiegend „data-driven" und weniger „data-informed" entscheiden, ob ein Werbespot für einen bestimmten Nutzer/eine Nutzerin relevant ist oder nicht. Dabei besteht bei Kampagnen, die data-driven umgesetzt werden, die Gefahr, wichtige Aspekte bei den Bedürfnissen von Menschen außer Acht zu lassen. Bei der Welect GmbH wird die nutzerzentrierte Werbung konsequent umgesetzt und die individuellen Entscheidungen der Menschen, die auch Erfahrungen, Intuition und Gefühle beinhalten, stehen im Vordergrund.

Für die weitere Entwicklung des Unternehmens ist es vorteilhaft, dass die Welect GmbH bereits heute ohne die Erfassung sensibler Nutzerdaten auskommt. Die Vorteile einer nutzerzentrierten Werbung werden angesichts der aktuellen E-Privacy-Debatte besonders evident, denn das Sammeln großer Datensätze entfällt, um den Nutzer/die Nutzerin mit dem passenden Content zu versorgen. Dies ist ein wesentlicher Wettbewerbsvorteil, falls es zu datenschutzrechtlichen Gesetzesänderungen kommen sollte.

Kurz und bündig

Die Bedeutung der nutzerzentrierten Werbung veranlasste Dommers und Peters-Kim im Jahr 2016 dazu, das Düsseldorfer Adtech-Start-up Welect GmbH zu gründen. Dem Ziel, Werbung auf die Verbraucher/innen auszurichten und zu diesem Zweck eine direkte Kommunikation mit diesen anzustreben, folgte zunächst die Entwicklung der App WelectGo. Aber auch der Online-Service WelectPublish, der seit 2017 das Kerngeschäft des Start-ups darstellt, verfolgt dieses Ziel.

Mit der Fokussierung auf WelectPublish konnte sich das Unternehmen in Deutschland etablieren. Im Hinblick auf die Zukunft sehen die Gründer ein weiteres Wachstumspotenzial auch in ausgewählten internationalen Märkten. Sie wissen, dass sie nicht alles perfekt planen können: „Wir sind kein Unternehmen, was mit einem Fünf-Jahres-Plan arbeitet. Dafür verändert sich der Markt zu schnell, und dafür sind wir auch zu spontan." Stattdessen vertrauen sie lieber auf Flexibilität und Anpassungsvermögen – zwei Fähigkeiten, die sie für ihr Unternehmen bereits in der Vergangenheit unter Beweis stellen konnten.

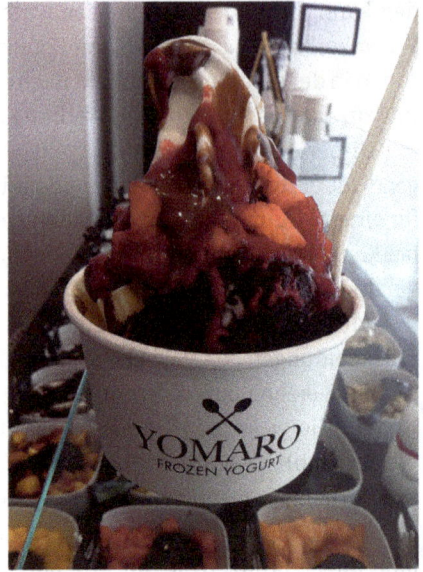

Frozen Yogurt von YOMARO
(Bildnachweis: YOMARO GmbH)

Svenja-Marie Smolinski und Bianca Straßhöfer

10 YOMARO GmbH – Eine (coole) Erfolgsstory!

Auf die Idee, YOMARO zu gründen, kam Matthias Rombey im Jahr 2009. Während einer Reise durch Asien überlegte der Veranstaltungskaufmann und Sportwissenschaftler, wie er seinen Traum von der Selbstständigkeit in die Tat umsetzen könnte – und dies vor allem ohne großes Startbudget. Aufgrund seiner jahrelangen Tätigkeit im Düsseldorfer Nachtleben war es für ihn naheliegend, seine Geschäftsidee im Bereich Gastronomie zu etablieren. Ein Trend auf dem asiatischen Markt war zu jener Zeit, neben Kreationen wie „Macha-Eis" oder „Bubble Tea", das Konzept „Frozen Yogurt". Dabei handelt es sich um ein Produkt aus Joghurt und Milch in einer speiseeisähnlichen Konsistenz, die mit verschiedenen „Toppings" (z. B. Früchte, Müsli oder Schokolade) sowie Soßen angeboten wird.

Eine Marktanalyse im Jahr 2010 in Deutschland führte zu dem Ergebnis, dass der Markt für Frozen Yogurt ein großes Entwicklungspotenzial besaß. Motiviert durch die Schwächen bestehender Frozen-Yogurt-Anbieter gründete Rombey 2012 seinen ersten Frozen-Yogurt-Store in der Lorettostraße in Düsseldorf unter dem Namen YOMARO (**Yo**gurt **Ma**tthias **Ro**mbey). Aufgrund der zunehmenden Anfragen für die Einführung eines Franchise-Konzepts folgte ab 2014 eine deutschlandweite Expansion. Die Zahl der Filialen und Verkaufsstellen wuchs in den zweistelligen Bereich. Kern des Erfolgs von YOMARO sind neben Qualität und Designkonzept vor allem die Mitarbeiter/innen. Eine große Diversität im Team ermöglicht ein individuelles Kundenerlebnis. „Denn jeder Kunde", so Rombey, „erwartet ein bisschen etwas anderes, jeder Kunde sieht auch etwas anderes und jeder Kunde erfreut sich an etwas anderem."

The Place to be

Als Rombey mit seiner Idee aus Asien zurückkehrte, war Frozen Yogurt in Deutschland noch weitgehend unbekannt. Frozen Yogurt ist ein dem Speiseeis ähnliches Dessert, das aus Joghurt und Magermilch hergestellt wird. Aufgrund der fettarmen Zutaten ist der Kaloriengehalt zumeist deutlich geringer als bei üblichem Speiseeis. Aus diesem Grund gilt Frozen Yogurt als gesündere Alternative. Neben dem asiatischen Markt konnte sich Frozen Yogurt insbesondere in den USA etablieren. Dort ist er schon lange in Supermärkten und kleinen Läden erhältlich, wo sich die Kunden/innen aus verschiedenen „Toppings" ihre individuelle Mischung selbst zusammenstellen können.

https://doi.org/10.1515/9783110663839-010

Anhand der Marktanalyse erkannte Rombey, dass im Bereich „gesunde Eis-alternative" ein Bedarf in Deutschland bestand. Im Jahr 2010 gab es nur wenige Frozen-Yogurt-Anbieter, die sich auf die Städte Berlin, Köln, Frankfurt am Main und München beschränkten. Nach dem Besuch dieser Läden, wurde ihm klar, dass es an einem guten Konzept und hochwertiger Qualität mangelte und er fass-te den Entschluss, sich mit einem neuen Frozen-Yogurt-Konzept in Düsseldorf selbstständig zu machen. „Ich bin hier geboren, auch groß geworden, und da kam es für mich nicht infrage, irgendwo anders hinzugehen", sagt er und ist auch aus der Perspektive eines Unternehmers von der Stadt Düsseldorf als Gründungs-standort überzeugt. Vor allem ihre Größe ermögliche es, sich innerhalb kurzer Zeit ein tragfähiges Netzwerk aufzubauen und Ansprechpartner/innen zu finden, die ähnlich aktiv seien und einen unterstützten. „Düsseldorf ist einfach sehr, sehr eng verwurzelt. Jeder kennt irgendwie jeden, und es ist einfach nicht sehr schwer, wenn du in Düsseldorf etwas starten möchtest, die richtigen Leute zu finden, an die du dich wenden musst."

Nachdem 2012 YOMARO in Düsseldorf an den Start gegangen war, traten be-reits im selben Jahr Nachahmer in Erscheinung. Die Wettbewerbssituation, wel-che in der Stadt bis dahin eher überschaubar gewesen war – nicht zuletzt, weil das Frozen-Yogurt-Konzept nicht in direktem Wettbewerb zu herkömmlichen Eis-dielen steht –, verschärfte sich ab diesem Zeitpunkt kurzzeitig. Rombey setzte dennoch weiterhin auf die Unverwechselbarkeit des YOMARO-Konzepts – einem Dreiklang aus Produkt, Ladenambiente und Teamdiversität – und die Treue seiner Kundschaft. Das kontinuierliche Wachstum in den vergangenen Jahren gibt ihm dabei Recht. Er ist von einer weiterhin positiven Entwicklung überzeugt: „Wir ha-ben mit YOMARO die Messlatte in Düsseldorf sehr hoch gesetzt, und daran sind im Endeffekt auch alle anderen Wettbewerber gescheitert."

YOMARO – von der Idee zum Produkt

Rombey wusste von Beginn an, in welchem Bereich seine Gründung angesiedelt sein sollte und wie er sie positionieren würde. Am Anfang stand für ihn daher die gezielte Beobachtung der unterschiedlichen Frozen-Yogurt-Stores in Deutschland im Vordergrund. Das Ziel war es, Stärken und Schwächen bestehender Konzepte zu analysieren. So fiel Rombey auf, dass eine starke Eigenmarke fehlte und das Produkt aus diesem Grund keinen Wiedererkennungswert aufwies. Genau dort wollte er ansetzen. Er stellte sich also die Fragen: Wie kann ein Frozen-Yogurt-Storedesign aussehen, das unterschiedliche Kunden/innen anspricht? Welches Konzept passt gut zum Standort Düsseldorf? Und: Was passte zu ihm und sei-nem Qualitätsanspruch? Mehr als ein Jahr lang arbeitete der Gründer parallel zu seinem Job im Sporteventbereich schließlich seine Idee aus. Er entwickelte ein ansprechendes Logo zusammen mit einer befreundeten Grafikdesignerin, suchte ein passendes Ladenlokal und plante sorgfältig die in Schwarz und Weiß gehaltene Innenausstattung. Das Ladenlokal fand er im beliebten „Loretto-Viertel" im Stadtteil Unterbilk, wo sich viele kleine inhabergeführte Läden befinden.

Aufgrund einer gezielten Social-Media-Positionierung sprach sich schon im Vorfeld die Eröffnung des ersten YOMARO-Ladens herum. „Von Tag eins, als wir in der Lorettostraße aufgemacht haben, war der Laden voll. Und er wurde von Tag zu Tag voller und von Monat zu Monat voller und von Jahr zu Jahr voller", sagt Rombey stolz. Lange Warteschlangen in den Sommermonaten sorgten täglich für den Verkauf von mehr als 1.000 Frozen Yogurts. 2013 eröffnete bereits die zweite YOMARO-Filiale am Carlsplatz in der Altstadt – einer Toplage.

Ab diesem Zeitpunkt war für Matthias Rombey klar, dass er das Arbeitsvolumen nicht mehr alleine bewältigen konnte. Da er selbst häufig in der Lorettostraße aktiv mitarbeitete, um mit Kunden/innen zu interagieren und die Qualität des Produkts zu gewährleisten, benötigte er einen Geschäftspartner als Verstärkung für seine beginnende Expansion. Seine Suche dauerte nicht lange: „Ab dem Zeitpunkt habe ich mir dann den Raphael Inhoven als Partner mit reingeholt, der mich als Freund sowieso schon von Tag eins an begleitet hat." Kennengelernt hatten sich beide schon lange zuvor durch ihre berufliche Tätigkeit für Veranstaltungen sowie das Düsseldorfer Nachtleben. Neben seiner Funktion als Berater und Freund brachte Inhoven auch eigenes Gründerwissen mit.

Angezogen vom Erfolg des YOMARO-Konzepts meldeten sich alsbald viele Interessenten/innen bei Rombey und Inhoven, die unter dem Namen YOMARO ihren eigenen Laden betreiben wollten. Diese Anfragen kamen zuerst aus dem Raum Düsseldorf, dann folgten weitere aus allen Regionen Deutschlands. Getrieben durch den Druck von zunehmenden Franchising-Anfragen beschäftigte sich das Team um Rombey 2013 dann erstmals eingehender mit dem Thema Franchising. Rombey und Inhoven vertrauten dabei auf die Expertise von Kristinn Gunnarsson und Andre Ivanov, die bereits Erfahrungen im Bereich Franchising gesammelt und die Gründer auch zuvor immer tatkräftig unterstützt hatten. Schließlich gründeten die vier 2014 ein zweites Unternehmen, den „YOMARO Freundeskreis", der für die Vergabe der Franchise-Lizenzen zuständig war. Die erste wurde noch im selben Jahr vergeben. Seitdem erfolgt pro Jahr die mehrfache Vergabe von Franchise-Lizenzen, wodurch das Unternehmen kontinuierlich expandiert. Es besteht zum einen die YOMARO GmbH, zu der die Filialen in der Lorettostraße, am Carlsplatz, in Benrath sowie das Event-Catering gehören, und zum anderen die YOMARO Freundeskreis GmbH & Co. KG, welche die Franchise-Lizenzen und Partner umfasst. Letztere führen Ivanov und Gunnarsson, wohingegen Rombey und Inhoven für die YOMARO GmbH verantwortlich sind (Abb. 10.1).

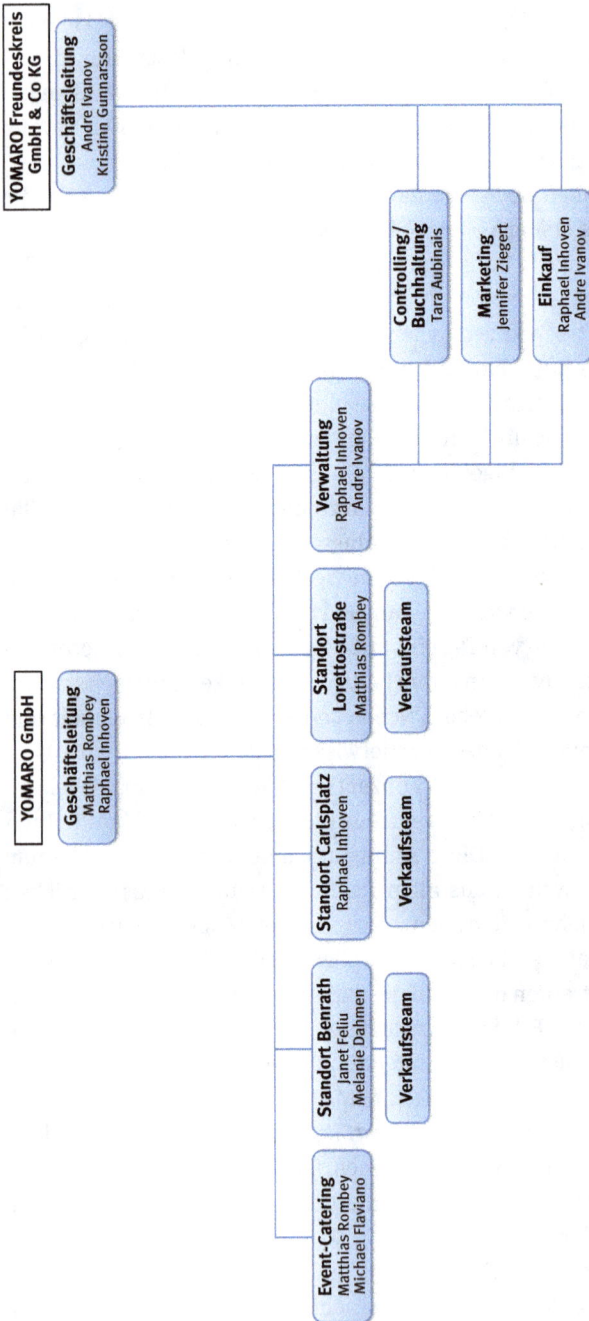

Abb. 10.1: YOMARO-Organigramm (eigene Darstellung)

Führung mit Stil

Rombey erklärt das rasante Wachstum seines Unternehmens so: „Das Erfolgskonzept von YOMARO basiert auf drei Eckpfeilern: Produkt, Personal, Laden. Wir liefern ein sehr, sehr leckeres, qualitativ sehr, sehr gutes Produkt, das von unglaublich netten, sympathischen Menschen verkauft wird, in einem schön designten Laden. Und wenn eins davon nicht stimmt, sinkt das Einkaufserlebnis für den Kunden." Der Kunde/die Kundin war daher von Anfang an Dreh- und Angelpunkt für alle Überlegungen und Entscheidungen in Verbindung mit YOMARO. Da jeder Kunde individuelle Vorstellungen hat und sich an unterschiedlichen Dingen erfreut, war es Matthias Rombey immer wichtig, dass die Konstellation des täglichen Teams im Laden möglichst auf die Erzeugung eines hervorragenden Erlebnisses für jede Kundengruppe ausgerichtet ist. Welche sechs Mitarbeiter/innen in der Lorettostraße und welche zwölf am Carlsplatz eingesetzt werden, ist daher kein Zufall. Rombey schätzt ein möglichst heterogenes Team. Faktoren wie Alter, Geschlecht, Persönlichkeitseigenschaften und Kommunikationsverhalten sind für ihn ausschlaggebend. Jeder Mitarbeiter/jede Mitarbeiterin soll seine/ihre eigene Individualität einbringen und seine/ihre Stärken im Laden einbringen.

Rombey und Inhoven legen zudem auf ein freundschaftliches Verhältnis zu den Mitarbeitern/innen, gute Laune und Teamgeist großen Wert. Da die Mitarbeiter/innen teilweise zehn Stunden auf acht Quadratmetern zusammenarbeiten, müssen sie sowohl auf beruflicher als auch zwischenmenschlicher Ebene miteinander harmonieren. Daher besteht eine flache Hierarchie im Unternehmen. Freie Meinungsäußerung, konstruktive Kritik und Verbesserungsvorschläge sind von allen Teammitgliedern, egal ob Festangestellter oder studentische Aushilfe, erwünscht. Zum Austausch gibt es außerdem eine Whatsapp-Gruppe, in der die tägliche Kommunikation erfolgt.

Die gleiche Sorgfalt findet auch bei der Auswahl der Franchisenehmer statt. Potenzielle Partner des YOMARO Freundeskreises werden vorab eingehend geprüft. Nur wenn sie zum Unternehmen passen und die gemeinsame Vision teilen, erhalten sie eine Lizenz.

Die Heterogenität innerhalb der Belegschaft spiegelt sich auch auf der Führungsebene wider. Um die jeweiligen Zusammenstellungen besser verstehen zu können, lohnt sich eine eingehende Betrachtung:

Rombey, welcher als ausgebildeter Veranstaltungskaufmann beim Sportamt der Stadt Düsseldorf für die Organisation von Sportveranstaltungen zuständig war, bezeichnet sich selbst als ausgezeichneten Netzwerker. Er verfügt aufgrund seiner jahrelangen beruflichen Tätigkeiten im Düsseldorfer Nachtleben über zahlreiche Kontakte in der Stadt. Selbst wenn es bei ihm oft chaotisch und unorganisiert zugehen kann, so ist es ihm dennoch wichtig, immer neue Projekte zu initiieren und seine Ideen tatkräftig umzusetzen. „Papierkram", der Umgang mit Zahlen und anderen Formalitäten liegen ihm nicht. Als Gründer und Hauptverantwortlicher für den YOMARO-Laden in der Lorettostraße, das Event-Catering und öffentliche Auftritte im Rahmen von Interviews fungiert er als das Gesicht des Unternehmens. Da er mitunter impulsiv sein kann und manchmal dazu neigt, voreilig Entscheidungen zu treffen, kann er sich bei wichtigen strategischen Entscheidungen auf seinen Geschäftspartner Inhoven verlassen.

Inhoven absolvierte eine Ausbildung zum Veranstaltungstechniker. Als er im ehemaligen Club 3001 am Düsseldorfer Hafen als Licht- und Tontechniker beschäftigt war, lernte er Rombey kennen. Selbst weniger verwurzelt in der Düsseldorfer Gastronomieszene, konnte er beim Aufbau von YOMARO auf Rombeys Kontakte zurückgreifen. In jeder Hinsicht ergänzen sich die beiden Freunde perfekt. Während Rombey eher impulsiv Entscheidungen trifft, ist Inhoven der ruhende Pol im YOMARO-Führungsteam. Strukturiertheit, Organisationsfähigkeit sowie überlegtes Handeln sind nur einige seiner Eigenschaften. Mit einem „Hey, Matthias, jetzt komm, mach mal ein bisschen langsamer hier. Es läuft doch gut", musste Inhoven Rombey in der Vergangenheit schon häufiger bremsen. Zu Inhovens Aufgaben gehört die Führung des Ladens am Carlsplatz, die Organisation des Einkaufs, Preisverhandlungen und das Wahrnehmen von Geschäftsterminen mit Banken, Steuerberatern/innen oder Lieferanten/innen.

Damit auch hinter den Kulissen alles reibungslos läuft, haben Rombey und Inhoven Jennifer Ziegert und Tara Aubinais ins Team geholt. Ziegert kümmert sich in Vollzeit als „One-Woman-Kommunikationsabteilung" um das Marketing. Neben dem Entwerfen und Prüfen von Presseartikeln und Flyern betreut sie alle Social-Media-Kanäle von Facebook bis Instagram. Darüber hinaus leitet sie die Werbekampagnen sowie den Social-Media-Content für alle 16 YOMARO-Filialen deutschlandweit. Genauso wie Ziegert zeichnet sich Aubinais durch strukturiertes Arbeiten und Organisationsfähigkeit aus. Sie ist für das Controlling und die Buchhaltung zuständig.

Für das Franchising-Geschäft sind Ivanov und Gunnarsson verantwortlich. Beide hatten bereits Erfahrung im Bereich Franchising und waren daher die treibende Kraft beim Aufbau des YOMARO Freundeskreises. Mit ihren spezifischen Franchising-Kenntnissen brachten sie Kompetenzen in das Team ein, welche bei Rombey und Inhoven fehlten. Diese Heterogenität des Führungsteams trug zu einer erfolgreichen deutschlandweiten Expansion des Unternehmens bei. Tagtäglich entwickeln Ivanov und Gunnarsson das Franchise-Konzept weiter, führen Gespräche mit Franchise-Partnern/innen, unterstützen sie bei der Standortsuche und stellen sicher, dass die Bewerber/innen in die YOMARO-Familie passen.

Alle Führungsteammitglieder von YOMARO stehen auf einer Stufe. Jeder arbeitet eigenverantwortlich in seinem Bereich und soll seine Stärken einbringen, wobei der Arbeitsbereich des anderen nicht berührt wird. Die Stärken des Teams haben sich dabei im Laufe der Jahre verändert. Individuelle Unterschiede unter den Teammitgliedern kristallisierten sich erst mit der Zeit heraus, sodass heute jedes Führungsmitglied weiß, wo die Stärken und Schwächen der anderen liegen.

Die Vorteile eines heterogenen Führungsteams sind im Unternehmensalltag spürbar und zeigen sich sowohl in Verhandlungen mit Geschäftspartnern/innen als auch in der Mitarbeiterführung. Als Führungsperson legt Rombey großen Wert auf eine flache Hierarchie. Er ist ein optimistischer und lockerer Typ, der zu seinen Mitarbeitern/innen sowohl beruflich als auch persönlich ein angenehmes Verhältnis pflegen möchte. Trotz seiner kameradschaftlichen Art, beschreibt er sich selbst als streng, sobald es um die Arbeit im Laden geht. Eine konstante Kundenzufriedenheit steht für ihn im Zentrum, was auch schon mal zu einem raueren Ton führen kann. Rombey hat klare Vorstellungen davon, wie er dem Kunden sein Produkt präsentieren möchte: „In meiner idealen Welt geht jeder Becher perfekt raus. Perfekt gezapft, perfekte Optik, perfekte Joghurtmenge, perfekte Topping-Menge. Der Becher muss so aussehen, dass man ihn sofort fotografieren kann, und dann darf es zwischen Mitarbeiter A und Mitarbeiter Z keinen Unterschied geben." Auch Sauberkeit und Hygiene im Laden sind ihm äußerst wichtig. Rombey ist davon überzeugt, dass auch junge Mitarbeiter/innen die Gepflogenheiten in der Gastronomie kennen und verstehen lernen müssen. „Man kann nicht gleichzeitig der Gründer, der Qualitätsbewusste und der Mensch sein, der möchte, dass jedes Produkt perfekt rausgeht, aber gleichzeitig auch immer der ‚good cop' sein. Deswegen bin ich zwar locker und cool, aber ich habe einfach einen gewissen Qualitätsanspruch, und den äußere ich auch."

Im Gegensatz zu seinem Freund zeichnet sich Inhoven durch eine ruhige Wesensart und ein diplomatisches Verhalten aus. Er findet auch in stressigen Situationen den richtigen Ton. Wenn ihm etwas unangenehm auffällt oder er ein Problem entdeckt, spricht er es nicht unverzüglich an. Vielmehr zieht er sich zurück, analysiert die Situation und bereitet sich überlegt und strukturiert vor, bevor er sein Anliegen mit dem jeweiligen Mitarbeiter/der jeweiligen Mitarbeiterin bespricht.

Diese unterschiedlichen Führungsstile und Charaktereigenschaften der Gründer ergänzen sich im Unternehmensalltag. Wenn beispielsweise Rombey vor Kommunikationsproblemen mit einem Mitarbeiter/einer Mitarbeiterin, einem Geschäftspartner/einer Geschäftspartnerin oder einem Lieferanten/einer Lieferantin steht, unterstützt Inhoven ihn. Und umgekehrt: Wenn Inhoven einmal nicht mit seiner Diplomatie weiterkommt und auf den Tisch gehauen werden muss, kann er auf Rombey zählen.

Konflikte im Team nehmen beide ernst. Zunächst suchen sie nach dem Ursprung des Problems und anschließend führen sie ein persönliches Gespräch mit dem Mitarbeiter/der Mitarbeiterin. Das Ziel ist es, gemeinsam eine Lösung des Problems zu finden. Die Gründer legen großen Wert darauf, dass immer ein Ansprechpartner/eine Ansprechpartnerin für die Mitarbeiter/innen zur Verfügung steht. Dabei nehmen langjährige Mitarbeiter/innen eine wichtige Rolle ein und tragen Verantwortung. Diese arbeiten meist seit mehr als fünf Jahren neben ihrem Hauptberuf bei YOMARO und sind im Durchschnitt zwischen 20 und 30 Jahre alt. Sie genießen ein höheres Ansehen und fungieren als direkte Ansprechpartner/innen bei Problemen von „Mitarbeiter zu Mitarbeiter". Auf diesem Wege lernen die Mitarbeiter/innen, ihre Konflikte schneller intern zu lösen, ohne dass sie den Weg in die Führungsetage gehen müssen. Eine allgemeine Ansprache, beispielsweise bei Problemen mit der Qualität oder der Sauberkeit in einer Filiale, erfolgt über eine Whatsapp-Nachricht an alle Mitarbeiter/innen. Auf diesem Weg wird immer dafür Sorge getragen, dass keiner alleine an den Pranger gestellt wird, alle aus den Fehlern lernen und das Wir-Gefühl erhalten bleibt.

Kurz und bündig

Das Beispiel von YOMARO zeigt, wie sich die Heterogenität sowohl in einem Führungs- als auch in einem Mitarbeiterteam positiv auf die Entwicklung eines jungen Unternehmens auswirken kann. Erfolg basiert also nicht nur auf einer guten Idee und einem qualitativ hochwertigen Produkt – vielmehr ist es das Team, das die Umsetzung der Idee stark macht. Rombey eroberte mit YOMARO zuerst den Düsseldorfer Raum und expandierte schließlich deutschlandweit. „Die Stärken und Schwächen des anderen kennen und sich optimal gegenseitig ergänzen, um am Ende des Tages dem Kunden ein unvergessliches Einkaufserlebnis zu bieten", so könnte man den Kern des Erfolgs beschreiben.

Für die Zukunft stehen die Zeichen für das Unternehmen weiterhin auf Expansion. In naher Zukunft soll der asiatische Raum erschlossen werden. Der Wettbewerbsdruck sei zwar hoch, aber Rombey und Inhoven sind nach einer bereits durchgeführten Marktanalyse davon überzeugt, die Marke YOMARO dort durchsetzen zu können. „In Asien gibt es die am schnellsten wachsende Mittelschicht der Welt. Das ist die Kundschaft, die wir erreichen möchten, die jetzt gerade anfängt, Geld zu verdienen und auszugeben und die etwas Neues kennenlernen möchte, was sie sich vorher vielleicht im Zweifel nicht leisten konnte." Auch für dieses Vorhaben wird die Heterogenität des Teams wieder eine entscheidende Bedeutung für den Erfolg haben.

Sprecher/innen der Manchot Graduiertenschule „Wettbewerbsfähigkeit junger Unternehmen"

Professorin Dr. Eva Lutz ist Inhaberin des Lehrstuhls für Betriebswirtschaftslehre, insb. Entrepreneurship und Finanzierung an der Heinrich-Heine-Universität Düsseldorf. Gemeinsam mit Professor Dr. Stefan Süß ist sie Sprecherin der Manchot Graduiertenschule „Wettbewerbsfähigkeit junger Unternehmen". Zudem verantwortet sie die Leitung des Centers for Entrepreneurship Düsseldorf (CEDUS) der Heinrich-Heine-Universität Düsseldorf. Vor ihrer akademischen Karriere arbeitete sie bei L. E. K. Consulting in London, zuletzt als Projektleiterin, in den Bereichen Unternehmensstrategie und Due Diligence. Die Promotion (2005) und Habilitation (2012) erfolgten an der Technischen Universität München. Ihre Schwerpunkte in Forschung und Lehre liegen in den Bereichen Entrepreneurial Finance, Finanzierung von innovativen Unternehmensgründungen und Familienunternehmen, Venture Capital und Private Equity. Weitere Informationen finden sich unter www.ef.hhu.de.

Professor Dr. Stefan Süß ist Inhaber des Lehrstuhls für Betriebswirtschaftslehre, insb. Arbeit, Personal und Organisation an der Heinrich-Heine-Universität Düsseldorf. Gemeinsam mit Professorin Dr. Eva Lutz ist er Sprecher der Manchot Graduiertenschule „Wettbewerbsfähigkeit junger Unternehmen". Seit Oktober 2018 ist er Dekan der Wirtschaftswissenschaftlichen Fakultät der Heinrich-Heine-Universität Düsseldorf. Die Promotion (2004) und die Habilitation (2009) erfolgten an der FernUniversität in Hagen. Professor Dr. Stefan Süß hat zahlreiche BMBF-geförderte Projekte sowie das NRW-Forschungskolleg zu Online-Partizipation miteingeworben. Aktuelle Forschungsschwerpunkte liegen in verschiedenen Bereichen des Personalmanagements, insbesondere in den Bereichen Arbeitgeberattraktivität, Stressforschung, Flexibilisierung der Arbeit und Personalführung. Weitere Informationen finden sich unter www.orgaperso.hhu.de.

https://doi.org/10.1515/9783110663839-011

Autor/innen

Max Bömer, M. Sc.

Von 2009 bis 2013 Bachelor Studium der Wirtschaftswissenschaften an der Universität Osnabrück, ergänzt durch ein Auslandssemester an der Universidad Autonoma de Barcelona. Bis 2015 Master Studium der Betriebswirtschaftslehre an der Heinrich-Heine-Universität Düsseldorf. Von 2016 bis 2019 Promotionsstipendiat der Manchot Graduiertenschule „Wettbewerbsfähigkeit junger Unternehmen" an der Wirtschaftswissenschaftlichen Fakultät der Heinrich-Heine-Universität Düsseldorf mit den Forschungsschwerpunkten Corporate Venturing und FinTechs. Seit 2019 als Berater im Bereich Restrukturierung bei Deloitte tätig. max.boemer@hhu.de

Mirko Brunk, M. Sc.

Bachelor Studium an der Universität Paderborn und der Universidad Pablo de Olavide in Sevilla im Studiengang „International Business". Anschließendes Master Studium der Betriebswirtschaftslehre an der Universität Paderborn mit einem Auslandsaufenthalt an der Universidad EAFIT in Medellin (Kolumbien). Von 2016 bis 2020 Promotionsstipendiat der Manchot Graduiertenschule „Wettbewerbsfähigkeit junger Unternehmen" an der Wirtschaftswissenschaftlichen Fakultät der Heinrich-Heine-Universität Düsseldorf mit den Forschungsschwerpunkten Psychological Ownership, Wachstumsfaktoren auf der Mikroebene und Organisationsstrukturen junger Unternehmen. brunkmirko@gmail.com

Christine Friederici, M. Sc.

Von 2009 bis 2015 Studium der Volkswirtschaftslehre an der Rheinischen Friedrich-Wilhelms-Universität Bonn (B. Sc.) und der Westfälischen Wilhelms-Universität Münster (M. Sc.) mit einem Auslandsaufenthalt an der Copenhagen Business School. Von 2016 bis 2019 Promotionsstipendiatin der Manchot Graduiertenschule „Wettbewerbsfähigkeit junger Unternehmen" an der Wirtschaftswissenschaftlichen Fakultät der Heinrich-Heine-Universität Düsseldorf mit dem Forschungsschwerpunkt Internationalisierung junger Unternehmen. christine.friederici@hhu.de

Lea M. Hansjürgen, M. A.

Von 2008 bis 2012 Studium Wirtschaftswissenschaften und Anglistik an der Universität Duisburg-Essen. Von 2013 bis 2016 Masterstudium Music and Creative Industries an der Popakademie Baden-Württemberg, Mannheim und der Hogeschool van Amsterdam, Niederlande. Von 2017 bis 2019 Netzwerkmanagerin am Existenzgründungs-Center der Universität Paderborn. Seit 2016 selbstständig als Moderatorin, Projektmanagerin und Beraterin im Kulturmanagement. lea.hansjuergen@gmx.de

https://doi.org/10.1515/9783110663839-012

Marisa Henn, Dr. rer. pol.

Von 2008 bis 2011 duales Studium der Betriebswirtschaftslehre an der Dualen Hochschule Baden-Württemberg, davon ein Semester an der University of Glamorgan in Wales. Gleichzeitige Ausübung einer berufsbegleitenden Tätigkeit in einem Wuppertaler Familienunternehmen. Von 2011 bis 2013 Masterstudium an der TU Dortmund. 2018 Promotion zum Dr. rer. pol. mit der Dissertationsschrift „Entrepreneurial Finance in Familienunternehmen: Vier Aufsätze zu Private-Equity-Finanzierungen und strategischen Investitionsentscheidungen". Seit 2018 Geschäftsführerin des Center for Entrepreneurship Düsseldorf an der Heinrich-Heine-Universität Düsseldorf.

marisa.henn@hhu.de

Carina Hoffmann, M. Sc.

Bachelor Studium der Betriebswirtschaftslehre an der Universität Siegen. Anschließendes Master Studium der Betriebswirtschaftslehre an der Heinrich-Heine-Universität Düsseldorf. Von 2016 bis 2019 Promotionsstipendiatin der Manchot Graduiertenschule „Wettbewerbsfähigkeit junger Unternehmen" an der Wirtschaftswissenschaftlichen Fakultät der Heinrich-Heine-Universität Düsseldorf mit den Forschungsschwerpunkten Entrepreneurial Finance, Trust-Research, Customer Relationship Marketing und Customer Loyalty. Seit 2019 als Consultant Digital Marketing Operations bei der XD Next Digital Group tätig.

carina.hoffmann@hhu.de

Eva Alexandra Jakob, Dr. rer. pol.

Von 2009 bis 2012 Studium „International Business Studies". Praktische Erfahrungen in unterschiedlichen mittelständischen bis großen Unternehmen im Business-to-Consumer- und Business-to-Business-Bereich. Seit 2014 wissenschaftliche Mitarbeiterin in der Gründungsförderung der Universität Paderborn. 2017 Forschungsaufenthalt an der Copenhagen Business School. Von 2018 bis 2019 Promotionsstipendiatin der Manchot Graduiertenschule „Wettbewerbsfähigkeit junger Unternehmen" an der Wirtschaftswissenschaftlichen Fakultät der Heinrich-Heine-Universität Düsseldorf mit den Forschungsschwerpunkten Image von Gründern, Einstellung und Intention zum Gründen sowie Nachhaltigkeit in jungen und bestehenden Unternehmen. Seit 2019 als Post-Doc im Technologie- und Existenzgründungscenter (TecUP) der Universität Paderborn für Lehre und Forschungsaktivitäten im Bereich (Social) Entrepreneurship verantwortlich.

eva.jakob@upb.de

Tamara Naulin, M. Sc.

Von 2011 bis 2014 duales Bachelor Studium an der DHBW Ravensburg im Studiengang „International Business". Im Anschluss Masterstudium „International Business and Finance" an der HS Augsburg und parallel Masterstudium „Management with Accounting" an der Edinburgh Napier University. Von 2016 bis 2019 Promotionsstipendiatin der Manchot Graduiertenschule „Wettbewerbsfähigkeit junger Unternehmen" an der Wirtschaftswissenschaftlichen Fakultät der Heinrich-Heine-Universität Düsseldorf mit den Forschungsschwerpunkten Startup Unternehmen, Business Accelerators/Business Incubators, Finanzierung und Personalwesen. Seit

2019 als wissenschaftliche Mitarbeiterin am Lehrstuhl für Betriebswirtschaftslehre, insb. Entrepreneurship und Finanzierung der Heinrich-Heine-Universität Düsseldorf tätig.
tamara.naulin@hhu.de

David Prinz, M. Sc.
Von 2009 bis 2013 Bachelor Studium an der Universität Paderborn sowie der Dublin City University im Studiengang „International Business". Anschließendes Master Studium der Betriebswirtschaftslehre an der Heinrich-Heine-Universität Düsseldorf. Von 2016 bis 2019 Promotionsstipendiat der Manchot Graduiertenschule „Wettbewerbsfähigkeit junger Unternehmen" an der Wirtschaftswissenschaftlichen Fakultät der Heinrich-Heine-Universität Düsseldorf mit den Forschungsschwerpunkten Behavorial Finance and Decision Making in Entrepreneurship und Entrepreneurial Failure. Seit 2019 im Inhouse Consulting eines großen Konzerns tätig.
david.prinz@gradify.de

Robert Richstein, M. Sc.
Bachelor Studium der Betriebswirtschaftslehre an der Universität zu Köln. Anschließendes Master Studium der Betriebswirtschaftslehre an der Heinrich-Heine-Universität Düsseldorf. Von 2016 bis 2019 Promotionsstipendiat der Manchot Graduiertenschule „Wettbewerbsfähigkeit junger Unternehmen" an der Wirtschaftswissenschaftlichen Fakultät der Heinrich-Heine-Universität Düsseldorf mit dem Forschungsschwerpunkt Gründungsfinanzierung. Seit 2019 als Geschäftsführer bei der K&R Navigator UG (haftungsbeschränkt) tätig.
robrichstein@gmail.com

Bennet Schierstedt, Dipl.-Kfm.
Von 2006 bis 2012 Studium der Betriebswirtschaftslehre an der Universität zu Köln und der San Diego State University (USA). Von 2013 bis 2016 Prüfungs- und Projektleiter in einer Big Four Wirtschaftsprüfungsgesellschaft in Köln. Seit 2016 wissenschaftlicher Mitarbeiter und Promotionsstudent am Lehrstuhl für Betriebswirtschaftslehre, insb. Entrepreneurship und Finanzierung an der Heinrich-Heine-Universität Düsseldorf sowie seit 2019 Koordinator der Manchot Graduiertenschule „Wettbewerbsfähigkeit junger Unternehmen".
bennet.schierstedt@hhu.de

Svenja-Marie Smolinski, M. Sc.
Von 2009 bis 2015 Studium der Betriebswirtschaftslehre an der Heinrich-Heine-Universität Düsseldorf. Von 2016 bis 2019 Promotionsstipendiatin der Manchot Graduiertenschule „Wettbewerbsfähigkeit junger Unternehmen" an der Wirtschaftswissenschaftlichen Fakultät der Heinrich-Heine-Universität Düsseldorf mit den Forschungsschwerpunkten Managementteam-Charakteristika und Erfolgsfaktoren junger Unternehmen. Seit 2019 als Consultant bei KRUPS Consultants tätig.
svenjasmolinski@gmx.de

Bianca Straßhöfer, M. Sc.
Von 2007 bis 2010 Bachelorstudium der Betriebswirtschaftslehre an der Heinrich-Heine-Universität Düsseldorf. Von 2011 bis 2013 Masterstudium der Betriebswirtschaftslehre an der Heinrich-Heine-Universität Düsseldorf. Von 2013 bis 2015 als wissenschaftliche Mitarbeiterin am Lehrstuhl für Betriebswirtschaftslehre, insb. Arbeit, Personal und Organisation an der Heinrich-Heine-Universität Düsseldorf beschäftigt. 2016 bis 2017 Tätigkeit als Assistant Director Human Ressources in einem Schweizer Textilunternehmen. Seit 2017 wieder wissenschaftliche Mitarbeiterin am Lehrstuhl für Betriebswirtschaftslehre, insb. Arbeit, Personal und Organisation an der Heinrich-Heine-Universität Düsseldorf. Von 2018 bis 2019 zudem Koordinatorin der Manchot Graduiertenschule „Wettbewerbsfähigkeit junger Unternehmen".
bianca.strasshoefer@hhu.de

Paulina Heil (vormals Trusova), M. Sc.
Von 2010 bis 2016 Psychologie Studium an der Heinrich-Heine-Universität Düsseldorf. Von 2016 bis 2019 Promotionsstipendiatin der Manchot Graduiertenschule „Wettbewerbsfähigkeit junger Unternehmen" an der Wirtschaftswissenschaftlichen Fakultät der Heinrich-Heine-Universität Düsseldorf mit den Forschungsschwerpunkten Teamarbeit in innovativen jungen Unternehmen und Gamification. Seit 2019 als Management Consultant bei German Board Advisors GmbH tätig.
paulina.trusova@hhu.de

www.ingramcontent.com/pod-product-compliance
Lightning Source LLC
Chambersburg PA
CBHW061257220326
41599CB00028B/5683